국가무형유산

사경장

Sagyeongjang
(Sutra Copying)

ISBN 979-11-90587-73-0 93380

일러두기

1. 이 책은 2024년 국가무형유산 영상기록물 제작 당시의 사경장 김경호 보유자의 제작과정 실연 및 인터뷰를 토대로 기록하였으며, 현장 촬영 사진을 담아 서술하였다.
2. 이 책은 배영일(마곡사 성보박물관장)이 집필하였다.
3. 이 책에서 사용한 사진은 서헌강(서헌강사진연구소)이 촬영한 것이며, 일부 사진은 국가유산청, 국립고궁박물관, 국립익산박물관, 국립중앙박물관, 동국대학교박물관, 동아대학교 석당박물관, 삼성문화재단, 영남대학교박물관, 용주사효행박물관, 코리아나화장박물관, 통도사성보박물관, 호림박물관, 화엄사 화엄석경관에서 제공하였다.
4. 이 책에서 사용한 자료 가운데 국가유산청 소장은 표기를 생략하였다.
5. 이 책에서 사용된 용어는 2024년 현장조사 및 인터뷰를 바탕으로 작성하였다.
6. 내용상 부연 설명이 필요한 것은 각주에서 설명하였다.
7. 도서의 내용은 집필자의 견해를 따랐으며, 일부 내용에 대한 견해의 차이가 있을 수 있다.

국가무형유산

사경장

글 배영일

문예원

차례

프롤로그

이 책은 2020년 7월 14일 국가무형유산으로 지정된 국가무형유산 '사경장' 기록화 사업의 일환으로 진행된 과정을 기록한 책이다.

사경寫經이란 불교 경전을 손으로 베껴 쓴 것을 말한다. 석가모니부처가 입멸入滅한 후 그가 생전에 설법說法 했던 내용이 입으로 전해오던 것을 문자화文字化하기 위해 이를 손으로 직접 써서 경전을 만들었다. 하나의 경전이 완성된 후 그것을 저본底本으로 삼아 다시 손으로 직접 옮겨 적는 일들을 반복하였다. 이러한 행위를 '사경을 한다'라고 한다.

우리나라에서 사경이 시작된 것은 불교 전래와 함께 시작된 것으로 추정된다. 사경의 주된 목적은 부처의 가르침을 불제자들에게 가르치고 불교를 널리 확산시키기 위한 것이었다.

그러나 인쇄술이 발달하면서 손으로 베껴 쓰는 사경의 필요성은 줄어들게 되고 점차 종교적 성격을 띠기 시작하였다. 이것은 공덕功德을 쌓고자 하는 신앙信仰으로 자리 잡았고, 결국 사경하는 행위 자체에 의미를 두게 되면서 의식화되기에 이른다.

또한 불교경전佛教經典은 불교에서 불佛, 법法, 승僧 삼보三寶 가운데 가장 중심이 되는 법보法寶로서 불상이나 탑 이상의 신앙적 의미를 지니고 있다. 즉, 부처님의 말씀을 기록해 놓은 경전은 불교신자佛教徒들의 귀의歸依의 대상이어서 경전은 곧 살아 계신 부처[生佛]라 할 수 있는 것이다. 따라서 사경은 부처의 가르침을 매우 존귀하게 여겨 경문 한 글자 한 글자를 금과 은으로 정성들여 장엄하였다. 사경의 첫머리에는 각 권의 내용 가운데 설화적이고 교훈적인 내용을 압축하여 묘사한 그림이 있는데, 이것을 사경변상도寫經變相圖라 한다. 사경변상도는 경전의 내용을 일정한 의궤에 근거하여 선묘線描로 그린 그림으로, 시대에 따른 양식 변화가 비교적 확연하게 드러난다. 또한 사경의 꽃이라 할 수 있는 경문서체經文書體는 시대별로 유행했던 서체를 반영하고 있음을 알 수 있다.

그러나 15세기를 정점으로 점차 판경板經이 사경을 대신하게 되면서 전통 사경의 맥은 더 이상 잇지 못하고 단절되었다. 약 1100여년을 이어오던 전통문화의 한 분야가 사라진 것이다.

다행스럽게도 21세기 들어 '사경장 김경호'와 〈한국사경연구회〉의 전통사경의 복원에 대한 관심과 노력이 결실을 맺어 가고 있다. 이를 계기로 사경인들의 저변확대와 이들이 마음껏 기량을 펼칠 수 있는 국가적 사회적 관심과 기반이 조성되기를 희망한다.

마곡사성보박물관장

배영일

Prologue

This is a book documenting the process of Buddhist Sutra Copying(Sagyeong) and its Master, which has been designated as an entry in the National Intangible Cultural Heritage list as of July 14, 2020.

Sutra Copying is the process of hand-writing and/or hand-copying of the Buddhist Sutras and scriptures. Some time after the Shakyamuni(*Sakyamuni*) Buddha entered into the *parinirvana*, his disciples and divotees started transcribing the Shakyamuni's verbal sermons into the written texts, i.e., Suttas and Sutras. Once the transcription of the first Sutra was completed, the same process based on the first has been iterated over and over by hands. This hand-copying process is called 'Sutra Copying'.

It is estimated that the Sutra Copying tradition originates along with the advent of the Buddhism into the Korean peninsula. The main purpose of Sutra Copying is to teach and preach the Dharma principles and teachings to the followers.

As the mechanical printing technique developed, however, the needs for hand-copying gradually reduce, and the whole process became more spiritual than technical. Thus,'Sutra Copying'has become, more or less, a religious ritual in nature.

Furthermore, the Buddhist Sutras (or Buddhist scriptures), is the most significant and main Treasure of the Buddha(佛), Dharma(法), and Sangha (僧) Treasures. Therefore, the importance of the Sutras as a Dharma Treasure goes well beyond the Statues and Pagodas. In a word, it may be regarded as live teachings of the Buddha. As a whole, each and every letter of the Buddhist

Sutra is meticulously and whole-heartedly decorated in gold and silver.

In the preface of the hand-copy Sutras, there is a painting or illustration called *Frontispiece* (an illustrated page of a book, Sutra painting), which represents the religious teachings, myths, and fables. The frontispiece in a Sutra is clearly drawn on the basis of the then norms and the religious rules. It follows the painting style of the time. Moreover, the illustration clearly reveals the artistic calligraphy styles.

Unfortunately, however, the Sutra Copying tradition was to be gradually replaced by the Sutra Carving (Pan gyeong) since the 15th century. The tradition, which lasted over 1100 years, disappeared from the cultural history.

However, as of 21st century, the Master of Sutra Copying, *Kim Kyoung-Ho*, along with 〈Society of Korea Sutra Copying〉, has endeavored to restore the Sutra Copying tradition, which in turn, hopefully brings back the national support and more comprehensive public interest to the divotees in the field.

Young il Bae

Director of the Museum of Buddhist Art, Magoksa Temple

I

사경의 개요와 역사

사경의 개요와 역사

1. 불교경전과 사경

사경寫經이란 문자 그대로 다양한 도구를 사용하여 경전을 베껴 쓰는 것을 말한다. 석가모니 부처님이 열반涅槃에 들자 불교 교단이 의지해야 할 것은 법法이었다. 그래서 부처의 교법敎法을 정리하여 후세에 전하는 일이 무엇보다 중요하고, 필요하게 되었다. 그러나 불교 초기에는 부처님의 설법說法으로만 이루어져 그 형식이 일정하지 않았다. 더욱이 시간이 지남에 따라 불법佛法에 대한 해설도 필요하게 되었다. 이와 같은 이유로 교단에서는 몇 차례에 걸쳐 결집結集을 하였고, 부처의 가르침과 언행言行을 모아 경전을 편찬하였다.[1] 이렇게 하나의 원본이 만들어진 후 다시 옮겨 적는 일들을 반복하였다. 이러한 행위가 곧 사경인 것이다.

사경의 주된 목적은 『불교사전』의 정의와 같이 "붓으로 쓴 경전. 또는 경전을 씀. 인쇄술이 발달하지 못하였을 때에 붓으로 써서 오래

1 佐佐木敎悟, 권오민 역, 『印度佛敎史』(경서원, 1992), 56쪽.

전하고 널리 퍼뜨리고자 하였다."[2] 즉, 사경은 부처님이 깨달은 진리를 불제자佛弟子들에게 읽히고 가르치며, 일반대중들을 교화敎化하는데 목적이 있다.[3] 그러나 인쇄술印刷術이 발달하면서 많은 시간이 소요되는 손으로 베껴 쓰는 사경의 필요성은 점차 줄어들게 되었다. 대신 쪽으로 검푸르게 물들인 종이紺紙나 상수리나무 열매로 물들인 종이橡紙, 지치 뿌리로 붉게 물들인 종이紫紙 등 최고급 종이最高級紙에 금金과 은銀 같은 최고급 재료最高級材料로 베껴 쓴 사경이 유행하기 시작하였다. 즉, 부처님의 진리를 대중들에게 널리 알리고 보존하던 것에서 공덕功德을 쌓고자 하는 신앙信仰으로 사경의 목적이 바뀐 것이다. 결국 사경을 하는 행위 자체에 의미를 두게 되면서 의식화되기에 이른다.

불교경전은 삼보(佛·法·僧) 가운데 부처님의 말씀을 기록한 법보法寶로서 매우 중요시되었다. 즉, 불교경전은 법신사리法身舍利이고, 『묘법연화경妙法蓮華經』에서는 불교경전을 전신사리全身舍利와 동일하게 설하고 있다. 따라서 불교경전은 불상이나 불탑 이상의 신앙적인 의미를 지니고 있어 매우 중요하게 여겼다.

2. 사경의 분류

사경은 바탕재료와 경전, 발원자, 장정형식 등 다양하게 분류할 수

2 사경이란 "필사하여 쓴 경전, 혹은 경전을 서사(書寫)하는 것을 말한다. 인쇄술이 발달하지 못했을 때는 직접 붓으로 경을 베껴 쓴 뒤 전하고 유포했다. 그러나 인쇄본이 나온 뒤에도 국난기에는 호국(護國)을 위하거나 부모와 조상의 명복을 빌기 위해 사경을 하는 경우가 있었다. 사경의 종류로는 여러 날에 걸쳐 천천히 경전을 쓰는 점사경(漸寫經), 하루 만에 경전을 쓰는 돈사경(頓寫經), 한 사람이 대부경(大部經)을 쓰는 일필경(一筆經), 피로 경전을 쓰는 혈사경(血寫經) 등이 있다." 불교사전편찬위원회, 『불교사전』(동국역경원, 2025), 1126쪽.

3 문명대, 『한국불교미술개론』(도서출판 덕주, 2024), 198~200쪽.

있다.[4]

1) 바탕재료

사경의 바탕 재료는 종이가 발견되기 전에는 다라나무 잎을 비롯해, 나무, 나무껍질 등 자연에서 쉽게 구할 수 있는 재료를 다듬어 여기에 사경을 하였다. 문명이 발달하면서 종이를 비롯한 비단, 금석金石 등 다양한 재료에 사경을 하였다.

(1) 패엽경(貝葉經)

패다라貝多羅는 나뭇잎이라는 뜻으로 '패다' 라고도 한다. 옛날에 종이가 생산되지 않았던 인도 등지에서 종이 대신 글자를 쓰는 데 사용하는 나뭇잎으로 지금도 사용하고 있다.[5] 다라나무는 모양이 종려棕榈와 비슷하고, 그 잎은 바탕이 곱고 빽빽하고 길며, 글 쓰는데 사용하려면 말려서 일정한 규격으로 끊은 뒤 송곳 같은 것으로 글자 획을 만들고 먹을 넣기도 하며, 먹과 붓으로

도1 패엽경 국립중앙박물관 소장, 자료제공: 국립중앙박물관

4 박상국, 『사경』(대원사, 1990), 25~27쪽; 김경호, 『韓國의 寫經』(도서출판 고륜, 2006), 51~121쪽.

5 Salomon, Richard, The Buddhist Literature of Ancient gandhāra(Wisdom Publications, 2018), 79쪽.

쓰기도 한다. 불교 삼장三藏의 경전은 흔히 다라나무의 잎에 썼다.

우리나라에 패엽경이 전래 된 것은 신라시대이다. 신라 승려가 서역으로 유학갔다 패엽경을 가지고 귀국하여 황해도 신천의 구업사具業寺에 봉안한 뒤, 절 이름을 패엽사로 고쳤다고 한다. 현재 대구 동화사桐華寺와 영월 법흥사法興寺에 패엽경이 보관되어 있다. 이 가운데 법흥사의 패엽경은 단 한 장으로, 앞뒤 가득 범어로 쓰여 있다. 이 패엽경은 본래 금강산의 마하연사摩訶衍寺에 봉안되어 있었으나, 광복 이후 행방이 묘연하였다가 부산의 한 승려가 신도한테서 얻어 법흥사에 봉안하였다.[6]

(2) 종이

종이는 주로 나무를 재료로 하여 만들어 글씨를 쓰거나 인쇄를 하는 등 다양한 용도로 이용되었다. 종이는 기원전 중국의 전한대前漢代에 이미 발명되었고, 후한대後漢代인 105년경에 채륜蔡倫이 제지술製紙術을 발전시켰다. 제지술의 발전은 문명과 문자 발전에 획기적인 변화를 가져왔다.[7] 당시에는 주로 글씨를 쓰던 바탕 재료가 비단이었는데, 종이가 비단보다 비용 부담이 작고, 만드는 재료도 풍부했을 뿐만 아니라 질質도 뛰어났다.[8] 그리고 무엇보다 다른 재료에 비해 글씨를 쓰는 것이 더 편리하였다.

우리나라에서 종이를 제작하여 사용한 시기는 불분명하나, 4세기

---

6 『한국민족문화대백과사전』23권(한국정신문화연구원, 1991), 404쪽.

7 박지선, 「고대 사경지 제작에 관한 연구」, 『書誌學硏究』 56(서지학회, 2013), 502~504쪽.

8 브뤼노 블라셀(Bruno Blasselle), 권명희 譯, 『책의 역사-문자에서 텍스트로』(시공사, 2005), 13~23쪽.

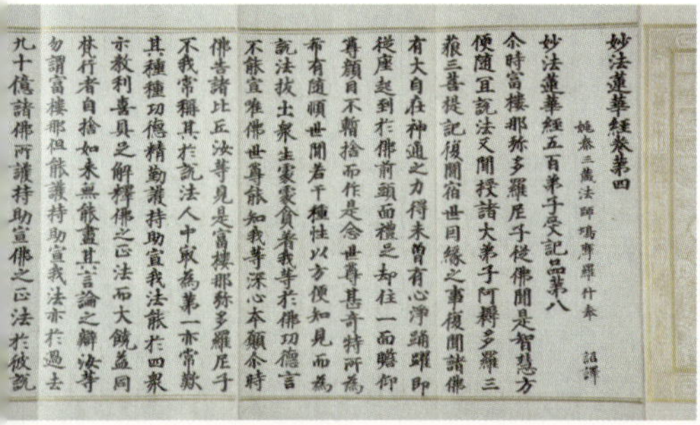

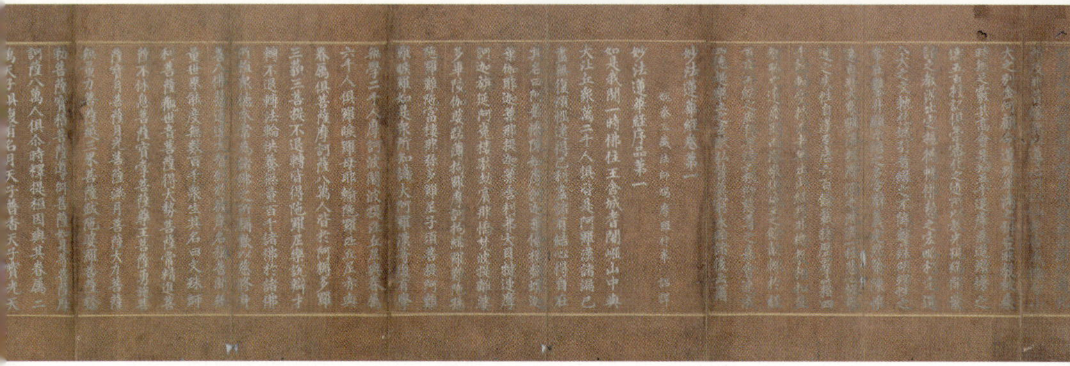

도 2 **『묘법연화경』권제4** 1385년 | 국립중앙박물관 소장, 자료제공: 국립중앙박물관
도 3 **『대방광불화엄경』권제47** 고려 | 국립중앙박물관 소장, 자료제공: 국립중앙박물관
도 4 **『묘법연화경』권제1** 고려 | 국립중앙박물관 소장, 자료제공: 국립중앙박물관

경에 도입되었을 것으로 추정된다.[9] 우리나라에 불교가 전해진 시기는 "372년에 진秦의 왕 부견符堅이 사신과 승려 순도順道를 보내 불상佛像과 경문經文을 주었다."고 기록하고 있어 4세기 후반에는 어떠한 형태로든 사경을 했을 것으로 추정된다.[10] 그러나 현재 남아 있는 가장 오래된 사경은 754~755년에 조성된 삼성문화재단 소장 『백지묵서대방

9 전상운, 「고대 과학기술의 발달」, 『한국사』3(국사편찬위원회, 1978), 408~409쪽.

10 『三國史記』, 「高句麗本紀」제6, 小獸林王 元年 二年, "夏六月, 秦王符 堅遣使及浮屠順道, 送佛像·經文. 王遣使迴謝, 以貢方物."

도 5 **신라백지묵서『대방광불화엄경』**
754~755년 | 삼성문화재단 소장,
자료제공: 국가유산청

광불화엄경白紙墨書大方廣佛華嚴經』이다. 이 시기에 제작된 종이를 과학적으로 분석한 결과 "원료면에서는 마麻섬유에서 닥楮섬유로 바뀌었고, 닥섬유는 결합이 치밀해지고 종이의 두께가 고르고 밀도와 백색도가 높아졌다."는 결과를 확인했다.[11]

우리나라에 전하는 사경의 바탕 재료는 대부분 종이이다. 흰 종이를 기본으로 다양한 염료染料를 사용하여 품격 높은 염색 종이를 제작하여 사용하였다.[12](도 2) 쪽으로 물들인 검푸른색 종이紺紙[13],(도 3) 상수리나무 열매로 물들인 종이橡紙,[14](도 4) 지치 뿌리로 물들인 종이紫紙[15](도 5) 등이 대표적이다. 염색지染色紙 제작은 통일신라시대부터 시작하여 고려시대에 크게 성행하였고, 이러한 전통은 조선시대까지 계속되었다.

---

11 박지선, 앞의 논문(서지학회, 2013), 504쪽.

12 정선영,「닭의장풀 염색 감지의 특성」,『서지학연구』47(한국서지학회, 2010), 11~21쪽; 김애순,「한지의 염색성 1(염색한지의 역사적 고찰)」,『論文集』25(군산대학교, 1977), 367~370쪽.

13 마디풀과에 속하는 일년생 초본 식물. 한자명은 남(藍)이고 이명으로는 오람(吳藍), 숭람(菘藍), 목람(木藍), 마람(馬藍), 다람(茶覽), 현람(莧藍, 대람(大藍), 소람(小藍), 괴람(槐藍), 엽람(葉藍), 이람(泥藍), 남옥(藍玉) 등이 있다. 학명은 Persicaria tinctoria H. GROSS, 박광헌,「寫經名稱의 用語 문제」,『文物硏究』35(동아문화재단, 2019), 85~91쪽.

14 참나무속의 나무로 원래는 상수리라고도 하지만, 지금은 구분하지 않고 '도토리'라고 한다.

15 자지(紫芝), 자초(紫草), 지초(芝草)라고도 한다. 뿌리는 굵고 땅속 깊이 뻗어 인삼 모양으로 갈라져 있으며 자주색을 띤다. 관상용·염료·식용·약용으로 이용된다. 옛날에는 자줏빛 물감으로 이용했다.

(3) 금석문(金石文)

금석문이란 쇠붙이나 돌에 새긴 글이나 기록을 뜻한다. 불교경전은 부처님의 말씀을 기록한 것으로 매우 존귀하여 내구성이 뛰어난 돌이나 금속판에 새겨 영구히 보존하고 장엄하려 하였다. 그러나 돌이나 금속에 새긴 사경은 그 예가 많지 않다.

① 돌

돌에 불교경전을 새긴 것을 석경石經이라고 한다. 석경의 기원은 175년(後漢 靈帝 熹平 4년)에 조성되기 시작하여 183년(光和 6년)에 완성된 〈희평석경熹平石經〉이다.[16] 불교경전을 돌에 새긴 목적은 여러 가지 이유가 있겠지만, 중국에서 폐불사건廢佛事件[17]이나 말법사상末法思想의 팽배로 불법을 보존保存하려는 목적이 크게 작용하였다. 즉, 돌은 재질이 견고하여 석경을 조성하는데 많은 공력功力이 드는 만큼 오래 보존하고, 후세까지 잘 전하기 위해 조성하였다.[18]

우리나라에 전하는 석경은 경주 남산 칠불암에서 발견된 〈금강석경金剛石經〉, 창림사지昌林寺址에서 발견된 〈법화석경法華石經〉, 구례 화엄사의 〈화엄석경華嚴石經〉 등이 있다. 이 가운데 구례 화엄사에서는 약 14,000여 편片이 전해지고 있다.[19] 구례 화엄사에서 발견된 화엄석경은 구역

---

16 趙美英, 「新羅 〈華嚴石經〉研究」(圓光大學校大學院博士學位論文, 2013), 20~24쪽.

17 삼무일종의 법난이란 北魏 太武帝(재위 : 423~452)의 廢佛사건, 北周 武帝(재위 : 560~578)의 폐불사건, 唐 武宗(재위 : 841~846)의 폐불사건, 五代 後周 世宗(재위 : 954~959)의 폐불사건으로 북위·북주·당나라 황제 이름에 '武'자가 들어있어 '三武'라하고 후주 세종을 '一宗'으로 합쳐서 지칭한 것으로 중국 불교가 국가적으로 수난을 당한 폐불과 법난을 지칭한다. 藤堂恭俊 著, 차차석 역, 『중국불교사-한민족의 불교-』(대원정사, 1992), 171쪽.

18 중국은 법을 보존하기 위해 석경을 했다. 김복순, 「화엄사 화엄석경의 조성 배경과 사적 의의」, 『화엄사·화엄석경』(화엄사, 2002), 118~120쪽.

19 『新增東國輿地勝覽』제40권 구례 화엄사조에는 "승려 연기(緣起)에 대해 후대인들이 알지 못

舊譯과 신역新譯, 그리고 정원본貞元本 등 세 종류의『대방광불화엄경大方廣佛華嚴經』가운데 어느 것을 새긴 것인지는 알 수 없다. 또한 석경을 새긴 연대도 "677년(문무왕 17년)에 의상대사가 왕명으로 화엄사에 각황전을 세우고 이곳에 화엄석경을 보관하였다."는 설과 석경의 서체가 887년(정강왕 2년)에 해서체로 최치원崔致遠(857~908)이 쓴 쌍계사 진감국사비문眞鑑國師碑文의 서체書體와 비슷해 화엄사 석경의 조성 연대를 887년경으로 비정하는 등 2가지 설이 있다.(도 6, 7)

도 6 **화엄사 화엄석경 편** 화엄사 화엄석경관 소장, 자료제공: 화엄사 화엄석경관

도 7 **화엄사 화엄석경 편** 화엄사 화엄석경관 소장, 자료제공: 화엄사 화엄석경관

② 금속판(金屬板)

금속에 경전을 새긴 것을 말하는데, 우리나라에서는 그 예가 흔치 않다. 금속에 불교경전을 새긴 것 가운데 가장 널리 알려진 사경은 익산 왕궁리 오층석탑에서 발견된 〈은제도금금강경판銀製鍍金金剛經板〉이

하는데 이 절을 세웠다고 한다. 절 중에 전각이 하나 있는데, 네 벽을 흙으로 바르지 않고 모두 청석을 사용하였으며 그 위에 화엄경을 새겼다. 세월이 오래되어 그 벽이 도괴되고 문자가 깎여 없어지니 가히 읽을 수 없더라"고 석경에 대해 언급을 하였다.

도 8 **왕궁리오층석탑 도금은제 금강경판** 국립익산박물관 소장, 자료제공: 국립익산박물관

다. 이 외에 경전 내용을 그림으로 표현한 변상도를 경상經床에 새긴 예도 부산 동아대학교박물관이 소장하고 있다. 먼저 익산 왕궁리 오층석탑에서 발견된 〈은제도금금강경판〉은 『불설금강반야바라밀다경佛說金剛般若波羅蜜多經』을 19매의 은제도금판에 각각 17행 17자를 새겼다.(도 8) 이 경판을 발견한 당시에는 순금판경으로 추정하였으나, 조사 결과 은판 위에 수은 아말감 도금기법을 이용하여 제작한 은제도금판경으로 밝혀졌다.[20] 판의 두께는 0.15mm로 매우 얇은 도금판임에도 불구하고 뒷면에서 눌러 양각으로 글자를 새겨 넣었다.[21]

한편, 부산 동아대학교박물관이 소장하고 있는 〈경상〉에는 변상도를 새겼다. 경상에 변상도를 새긴 예도 흔치 않다. 경상 윗면에는 『대방광불화엄경』변상도를 새겼다. 고려시대에 조성된 권자본卷子本이나 절첩본折帖本의 변상도는 화면 오른쪽에 경전의 주인공을 비롯한 권속眷屬들을 배치하고, 화면 왼쪽에는 경전의 극적이고도 중요한 장면을 묘

20 유혜선, 「비파괴 성분 분석을 통한 은제 금도금 유물연구-익산 왕궁리 오층석탑 발견〈금강경판(金剛經板)〉을 중심으로」, 『동원학술논문집』11(국립중앙박물관, 2010), 72~76쪽.

21 금강경판의 글자를 새긴 방법은 경문을 음각한 목판 위에 얇은 금판을 놓고 위에서 눌러 글씨가 도드라지게 새겼다는 설과 석판에 글씨를 새긴 후 그 위에 금판을 올리고 열을 가해 금판에 글씨를 밀어 넣었다는 설, 금판 뒷면에 각필 또는 목필로 글씨를 써서 새겼다는 설 등 다양하다. 이유라, 「익산 왕궁리 오층석탑 사리장엄구의 종합적 고찰」(원광대학교대학원석사학위논문, 2022), 46~48쪽.

사하는 것이 일반적이다. 그러나 이 경상은 반대로 화면 왼쪽에 경전의 주인공인 비로자나불을 비롯한 권속들을, 화면 오른쪽에는 경전의 내용이 새겨져 있는데, 아마도 인경印經을 위한 것으로 추정된다. (도 9)

도 9 **동제 화엄경변상도 경상**
조선후기 | 동아대학교 석당박물관 소장,
자료제공: 동아대학교 석당박물관

2) 주제

우리나라에 유통流通 되었던 불교경전의 종류는『화엄경華嚴經』,『법화경法華經』,『열반경涅槃經』,『아미타경阿彌陀經』,『무량수경無量壽經』,『유마경維摩經』,『금강경金剛經』,『부모은중경父母恩重經』,『범망경梵網經』,『대보적경大寶積經』등 매우 다양하다.[22] 이 가운데 가장 많이 읽혔던 경전은『화엄경』과『법화경』으로 그 수가 압도적으로 많았다.

(1)『대방광불화엄경(大方廣佛華嚴經)』

우리나라에서 일찍부터 널리 유통된 경전 가운데 하나가『대방광불화엄경』이다. 다른 경전들이 부처님의 말씀을 듣는 청중의 수준에 맞추어 다양한 예시나 비유를 들기도 하고, 불교의 가르침을 실천하는

22 장충식,「한국불교판화의 연구(1)」,『불교학보』19(동국대학교 불교문화연구원, 2007), 2~4쪽.

도 10 『대방광불화엄경』권제12 고려 | 국립중앙박물관 소장, 자료제공: 국립중앙박물관

여러 보살菩薩의 행적을 소개하기도 하는 것과 달리 『화엄경』은 부처님이 진리를 깨달아 부처가 된 바로 그 순간의 내면 상태와 깨달음의 위대한 경지를 기술하고 있다. 더불어 부처님이 깨달음을 얻기까지 어떠한 수행을 거쳤는지, 부처님과 같이 되려면 어떻게 수행해야 하는지를 이야기하고 있어서 불교의 근본 철학을 담고 있는 경전으로 손꼽힌다. 그런 까닭에 『화엄경』은 중국에 소개된 이래로 주요 불교 사상의 기반이 되었고, 우리나라에서도 신라 때부터 줄곧 불교 교학 연구와 신앙 및 수행의 근거로 중요한 역할을 해왔다. 특히 목판 인쇄술이 발달한 고려시대 이후로는 경전 제작이 활발해지면서 더욱 널리 유통되었다.

『화엄경』은 인도의 고대어인 산스크리트어로 쓰였다가 기원후 5세기 초 중국에 소개되면서 한문으로 번역되었다. 먼저, 북인도의 승려 불타발타라佛陀跋陀羅가 418~420년 동진東晋에서 전체 60권으로 번역한 것이 처음인데, 총 60권이라고 해서 '60화엄', 동진에서 번역했다고 해서 '진본晋本'이라고도 부른다.(도 10) 다음은 당唐나라 때인 695~699년에 우전국于闐國 출신 승려 실차난타實叉難陀가 80권으로 번역한 것으로

도 11 **감지금니 『대방광불화엄경』권15** 1334년 | 코리아나화장박물관 소장, 자료제공: 코리아나화장박물관
도 12 **감지은니 『대방광불화엄경』 정원본 권31** 1337년 | 삼성문화재단 소장, 자료제공: 국가유산청

'80화엄' 또는 '당본唐本'이라고도 불리며, 당시 측천무후則天武后가 당나라 국호를 주周로 바꾸었던 시기였기 때문에 '주본周本'이라고도 한다.(도 11) 마지막으로 796~798년 반야삼장般若三藏이 40권으로 번역한 것으로 '40화엄' 또는 당나라 덕종德宗 정원貞元 연간(785~804)에 번역했다고 해서 '정원본貞元本'이라고 부른다. '정원본'은 『화엄경』 전체를 번역한 것이 아니다.

60화엄은 34품으로 80화엄은 39품으로 구성되는데, 60권본의 34품, 80권본의 39품이 「입법계품入法界品」이다. 「입법계품」의 내용은 선재동자善財童子가 문수보살文殊菩薩을 만난 후 부처와 같이 되겠다는 결심을 하고, 그러한 경지를 이루기 위한 수행 방법을 터득해 가는 과정을 기술하였다. 53명이나 되는 다양한 사람과 신神, 보살들을 만나면서 수행법을 배워가는 여정이 구체적이면서도 극적이어서 다양한 경전 가운데 대중들에게 가장 인지도가 높은 경전이기도 하다.「입법계품」만을 따로 떼어내어 엮은 것을 '40권본' '정원본'『화엄경』이라 한다.(도 12)

[표 1]『화엄경』 80권본 구성

법회 횟차	법회 장소	품수	설법주보살
제 1회	멸도량회(寂滅道場會)	6품 11권 세주묘엄품, 여래현상품, 보현삼매품, 세계성취품, 화장세계품, 비로자나품	보현보살(普賢菩薩)
제 2회	보광명전회(普光明殿會)	6품 4권 여래명호품, 사성제품, 광명각품, 보살문명품, 정행품, 현수품	문수보살(文殊菩薩)
제 3회	도리천궁회(忉利天宮會)	6품 3권 불승수미정품, 보살운집묘승전상설게품, 십주품, 범행품, 초발심보살공덕품, 명법품	법혜보살(法慧菩薩)
제 4회	야마천궁회(夜摩天宮會)	4품 3권 불승야마천궁자재품, 야마천궁보살설게품, 공덕화취보 살십행품, 보살십무진장품	공덕림보살(功德林菩薩)
제 5회	도솔천궁회(兜率天宮會)	3품 12권 여래승도솔천궁품, 도솔천궁보살 운집찬불품, 금강당보살십회향품	금강당보살(金剛幢菩薩)
제 6회	타화자재천궁회(他化自在天宮會)	1품 6권 십지품十地品	금강장보살(金剛藏菩薩)
제 7회	금강장보살(金剛藏菩薩)	11품 13권 십정품, 십통품, 십인품, 문아승지품, 수량품, 보살주처품, 불부사의품, 자상해, 여래수호광 명공덕품, 보현보살행품, 여래출현품	보현보살(普賢菩薩)
제 8회	보광명전삼회(普光明殿三會)	1품 7권 이세간품	보현보살(普賢菩薩)
제 9회	급고독원회(給孤獨園會)	1품 21권 입법계품(선재동자가 55선지식을 찾아 다니면, 법문을 구함)	
계		39품 80권	

도 13 **감지은니 『대방광불화엄경』 정원본 권34** 1337년 | 호림박물관 소장, 자료제공: 호림박물관

『화엄경』 사경의 책머리에는 경전의 내용을 그림으로 변화해서 나타낸 변상도가 있는데, 크게 네 가지 형식으로 구분된다.

첫째, 1337년에 조성된 호림박물관 소장 『대방광불화엄경』 권제34와 같이 화면 중앙에 『화엄경』의 주인공인 비로나자불毘盧遮那佛을 배치하고 그 좌우에 보처보살寶處菩薩을 비롯한 권속들이 정면을 향해 앉아 있는 형식이다.(도 13) 둘째, 국립중앙박물관 소장 『대방광불화엄경』 권제27과 같이 권자본 1/4 우측에 비로자나불과 설법주보살說法主菩薩을 비롯한 문수·보현보살, 그리고 시방제불十方諸佛, 사천왕 등 권속들을 배치하였다. 화면 좌측 3/4에는 각 권의 극적인 내용을 압축하여 묘사하였다. 고려시대를 비롯한 조선시대에 제작된 『화엄경』 사경변상도 대부분은 이 형식을 취한다.(도 14) 셋째, 1350년에 조성된 국립중앙박물관 소장 『대방광불화엄경입불사의해탈경계보현행원품』과 같이 선재동자善財童子가 선지식을 찾아가 법문을 구하는 형식으로 상하 2단 구도를

도 14 『대방광불화엄경』권27 고려 | 국립중앙박물관 소장, 자료제공: 국립중앙박물관

도 15 『화엄경생원품신상합부』 1350년 | 국립중앙박물관 소장, 자료제공: 국립중앙박물관

도 16 『대방광불화엄경』권제41 1324년 | 용주사 효행박물관 소장, 자료제공: 용주사 효행박물관

이룬다.(도 15) 이것은 선재동자가 구법활동求法活動을 위해 문수보살을 시작으로 53 선지식善知識을 찾아다는 모습을 그림으로 나타낸 것이다. 상단 중앙에는 선지식이 위치하고 하단에는 선재동자가 자리한다. 넷째, 1324년에 조성된 용주사 효행박물관 소장『대방광불화엄경』권제41과 같이 경전수호經典守護를 서원誓願한 신장상을 단독으로 그린 형식 등이 있다.(도 16)

(2)『묘법연화경(妙法蓮華經)』

『묘법연화경』은 원래 인도 고대 언어인 산스크리트어로 쓰여 졌다. 경전이 중국에 소개되자 한문으로 번역하기 시작하였다. 총 여섯 차례나 번역되었으나, 406년 구마라집鳩摩羅什의 번역본이 가장 널리 유행하여 지금까지도 읽히고 있다.『법화경』은 가장 널리 읽히는 대승경전 가운데 하나이며『반야경般若經』,『유마경維摩經』,『화엄경華嚴經』그리고 정토淨土 계통의 경전들과 함께 초기 대승불교의 대표적인 경전으로 꼽힌다.

『법화경』에는 부처님이 세상 모든 사람을 깨달음으로 이끌기 위해

도 17 **백지묵서『묘법연화경』7권본 한질** 1377년 | 호림박물관 소장, 자료제공: 호림박물관

저마다의 능력과 눈높이에 맞추어 참된 지혜를 설명하는 내용이 담겨 있다. 누구나 부처가 될 수 있다는 긍정적인 관점을 지녔을 뿐만 아니라, 복잡하고 어려운 교리보다는 일반 신도들이 쉽게 이해 할 수 있도록 구체적인 사례와 다양한 비유를 들어 설명하고 있다. 이러한 이야기가 총 28품品으로 구성되어 있다.

한역『법화경』은 28품을 7권으로 구성한 것이 일반적이다.(도 17) 그러나 1081년 일본 와카야마和歌山 곤고부지金剛峰寺 소장품과 1332년에 조성된 사가현 나베시마호코카이鍋島報效會 소장품과 같이 28품을 8권으로 구성한 경우도 있다.[23]

[표 2]『법화경』7권본과 8권본 구성

구분	7권본(鍋島報效會)	8권본(金剛峰寺)	품수	
			7권본	8권본
권제1	서품, 방편품	서품, 방편품	2	2
권제2	비유품, 신해품	비유품, 신해품	2	2
권제3	약초유품, 수기품, 화성유품	약초유품, 수기품, 화성유품	3	3
권제4	오백제자수기품 수학무학인기품 법사품 견보탑품 제바달다품 권지품	오백제자수기품 수학무학인기품 법사품 견보탑품	6	4
권제5	안락행품 종지용출품 여래수량품 분별공덕품	제바달다품 권지품 안락행품 종지용출품	4	4
권제6	수희공덕품 법사공덕품 상불경보살품 여래신력품 촉루품 약왕보살본사품	여래수량품 분별공덕품 수희공덕품 법사공덕품	6	4

23 국립중앙박물관,『사경 변상도의 세계-부처 그리고 마음』(지앤에이커뮤니케이션, 2007), 64쪽.

권제7	묘음보살품 관세음보살보문품 다라니품 묘장엄왕본사품 보현보살권발품	상불경보살품 여래신력품 촉루품 약왕보살본사품 묘음보살품	5	5
권제8		관세음보살보문품 다라니품 묘장엄왕본사품 보현보살권발품		4
계			28	28

『법화경』의 변상도는 크게 네 가지 형식으로 분류할 수 있다. 첫째, 1332년에 조성된 나베시마호코카이 소장『묘법연화경』권제1과 같이 화면 중앙에 설법하고 있는 석가모니불을, 그 앞에는 사리불舍利弗과 칠보탑七寶塔을 배치하였으며, 좌우로 십대제자와 사천왕, 팔부중八部衆을 비롯한 여러 신중들과 비구 등이 에워싸고 있는 형식이다. 둘째, 영남대학교박물관 소장『묘법연화경』권제3과 같이 절첩 4면의 화면 우측에 석가모니불을 비롯하여 협시보살과 아난과 가섭, 그리고 사천왕을 등장시키고, 화면 왼쪽에는 각권의 내용을 그린 형식이다.(도 18) 셋째, 개인 소장『묘법연화경』권제6과 같이 절첩 2면의 화면 중앙에 석가모니부처와 그 권속들을 둥글게 배치한 형식이다. 넷째, 1283년에

도 18 『묘법연화경』권제3 고려 | 영남대학교박물관 소장, 자료제공: 영남대학교박물관

도 19 『묘법연화경』권제1 1283년 | 국립중앙박물관 소장, 자료제공: 국립중앙박물관

조성된 국립중앙박물관 소장『묘법연화경』권제1과 같이 경전의 내용과 무관하게 경전수호의 의미를 가진 신장상을 단독으로 그린 형식(도 19) 등으로 나눌 수 있다.

(3)『아미타경(阿彌陀經)』

『아미타경』은 후진後秦의 구마라집鳩摩羅什이 402년에 장안長安의 소요원逍遙園에서 번역하였다. 줄여서『아미타경阿彌陀經』이라고 하며, 별칭으로『소무량수경小無量壽經』·『소경小經』·『미타경彌陀經』·『호념경號念經』이라고도 한다.『무량수경無量壽經』·『관무량수불경觀無量壽佛經』과 함께 정토삼부경淨土三部經 가운데 하나이다.

도 20 아미타여래삼존도
고려 | 삼성문화재단 소장, 자료제공: 삼성문화재단

서방 극락정토를 관장하는 아미타불을 설한 경전으로 아미타불을 하루, 내지 7일 동안 생각하면 임종臨終할 때 아미타불이 그 앞에 나타나서 맞이하며, 극락세계에 왕생往生하는 것은 곧 불퇴전不退轉에 들어서는 것이 된다고 설한다.[24] 이러한 모습을 구체적으로 묘사한 예는 삼성문화재단 소장〈아미타내영도〉를 꼽을 수 있다.(도 20)『아미타경』을 주제로 한 고려시대 불화는 다수多數 전한다. 그러나 사경에서 단독으

24 불퇴전이란 한번 도달한 수행의 단계에서 후퇴하거나 범부의 상태로 돌아가지 않는 경지. 불교사전편찬위원회, 앞의 책(동국역경원, 2025), 1093쪽.

로 『아미타경』을 조성한 예는 흔치 않다. 다만, 일본 교토국립박물관에 기탁되어 있는 『묘법연화경』, 『불설아미타경』, 『대방광불화엄경범행품』, 『천수천안관세음보살대비심다라니경千手千眼觀世音菩薩大悲心陀羅尼經』등과 함께 수록되어 있다. 『불설아미타경』 책머리에 금으로 변상도를 그렸다.[25]

(4) 『범망경(梵網經)』

『범망경』의 본래 명칭은 『범망경노사나불설보살심지계품梵網經盧舍那佛說菩薩心地戒品』 또는 『범망보살계경梵網菩薩戒經』으로, 자기 안에 있는 부처님의 성품을 계발하는 것을 목적으로 하는 불경이다.

산스크리트 원본은 120권 60품이었다고 전하나 현재는 전하지 않고, 5세기경 중국에서 지은 것으로 추정된다. 상하 2권인 『범망경』의 전체적인 구성은 『화엄경』과 비슷한데, 상권에서는 석가모니가 지혜의 광명을 놓아 대중에게 연화장세계蓮華藏世界를 나타내고, 그 세계의 비로자나불毘盧遮那佛이 십발취심十發趣心·십장양심十長養心·십금강심十金剛心·십지十地 등의 40가지 법문法門을 설한다.

하권에서는 십무진장계품十無盡藏戒品을 설하는데 그 안에 십중금계十重禁戒와 사십팔경계四十八輕戒가 설명되어 있다. 하권만 따로 〈보살계본菩薩戒本〉이라고 하고, 여기에 설해진 계를 〈범망계梵網戒〉 또는 불계佛戒〉라고 해 대승불교의 독자적인 보살계로서 중요시되었다.

이 경은 한국·중국·일본 등지에서 여러 종파의 소의율전素衣律典이 되었으며, 특히 한국에서는 이 경에서 설해진 수계修禊와 포살법회慙悔法會의 작법에 근거해 보살계도량과 수계법회 등이 열리기도 한다.

---

25 국립중앙박물관, 앞의 책(지앤에이커뮤니케이션, 2007), 52~53쪽.

도 21 **『범망경보살계품』** 고려 | 국립중앙박물관 소장, 자료제공: 국립중앙박물관
도 22 **『범망보살계경』** 고려 | 동국대학교박물관 소장, 자료제공: 동국대학교박물관

현재 남아 있는 『범망경』 관련 사경은 그 수량이 많지 않다. 삼성문화재단 소장 『범망경보살계품梵網經菩薩戒品』과 동국대학교박물관 소장 『범망보살계경梵網菩薩戒經이 대표적이다. 삼성문화재단 소장품의 변상도는 화면 중앙에 연화좌 위에 앉아 설법하고 있는 노사나불과 좌·우 협시가 그려져 있고, 삼존의 주위에는 수많은 보살과 청중들이 합장하고 있다.(도 21)

동국대학교 소장 『범망보살계경』은 『범망경』의 하권을 말한다. 절첩본의 앞면에는 「범망보살계서梵網菩薩戒序」와 「범망경노사나불설보살계심지계품梵網經盧舍那佛說菩薩戒心地戒品」이, 뒷면에는 「수보살계의受

菩薩戒儀』가 금니로 쓰여 있다. 변상도는 화면의 오른쪽에 설법 장면이 전개되는데, 중앙에는 보관을 쓴 노사나불이 양팔을 옆으로 벌린 채 설법을 하고있는 모습이, 좌우에는 석가모니불이 중앙을 향해 앉아 있다. 보살, 제자, 천왕 등의 대중들이 이들 세 부처 주위를 둘러싸고 있다. 화면 하단에는 노사나불의 화신인 천불이 각각 연화장세계해蓮華藏世界海에서 피어난 연꽃 위에 묘사되어 있다.(도 22)

(5)『대방광원각수다라요의경(大方廣圓覺修多羅了儀經)』

『대방광원각수다라요의경』은 『능엄경楞嚴經』, 『대승기신론大乘起信論』, 『금강경金剛經』과 함께 불교전문강원 사교과 과정의 필수과목으로 현재에도 학습되고 있다. 우리나라에서 비교적 많이 유통된 『원각경』은 693년 북인도의 승려 불타다라Buddhatrata, 佛陀多羅의 한역본이다. 산스크리트어 원본이 없어 중국에서 만든 위경僞經이라는 설이 있다. 이 경은 1권 12장으로 구성되어 있는데, 12장은 석가모니가 12보살과 문답한 것을 각각 1장으로 하여 구성한 것이다.

이 경은 고려의 지눌知訥이 깊이 신봉하여 요의경了義經이라 한 뒤 우리나라에서 크게 유통되었고, 조선 초기 함허화상涵虛和尙이 『원각경소圓覺經疏』 3권을 짓고 유일有一과 의첨義瞻이 각각 사기私記를 지은 뒤 정식으로 우리나라 승려의 교과과목으로 채택되었다.

그러나 국내에서 조성된 『원각경』은 1357년에 조성된 호림박물관 소장품이 대표적이며 그 예 또한 흔치 않다. 이 사경은 『대방광원각수다라요의경』과 『육조화상법보단경六祖和尙法寶檀經』이 앞뒷면에 쓰여진 합부로 변상도는 『원각경』에만 그려져 있다. 절첩형의 장정에 변상도는 4면에 걸쳐 그려지는 것이 보편적이나 이 변상도는 6면에 걸쳐 그려져 있어 가로로 긴 화면을 이루고 있다. 또한 변상도 테두리에 금

도 23 『대방광원각수다라요의경』권상·하 1357년 | 호림박물관 소장, 자료제공: 호림박물관

강저와 보상당초문을 이중으로 시문하고 있는 점 역시 이 시기의 변상도에서는 찾아 볼 수 없는 형식이다.[26] 변상도 앞부분에는 왼쪽을 향해 합장하고 서 있는 신장상 1구를 배치하고 중앙에 노사나불과 좌우 협시, 청문보살들이 일렬로 앉아 합장하고 있는 모습을 그렸다.(도 23)

(6) 불설대보부모은중경佛說大報父母恩重經

『불설대보부모은중경』은 부모의 은혜가 한없이 크고 깊음을 설하며 그 은혜에 보답할 것을 가르친 경전이라 하는데,『불설대보부모은중경』은『부모은중경』의 여러 이본異本 중 하나이다. 이 경은 중국 당대 중반부터 송대宋代에 성립된 것으로 알려져 있다.

이 경전이 우리나라에 언제 전래 되었는지 정확히 알 수 없다. 그러나 현재까지 손으로 직접 쓴 사경은 전하지 않는다. 다만, 고려 말인

26 박도화,「상지금니대방광원각수다라요의경 변상도」,『사경 변상도의 세계-부처 그리고 마음』(지앤에이커뮤니케이션, 2007), 310쪽.

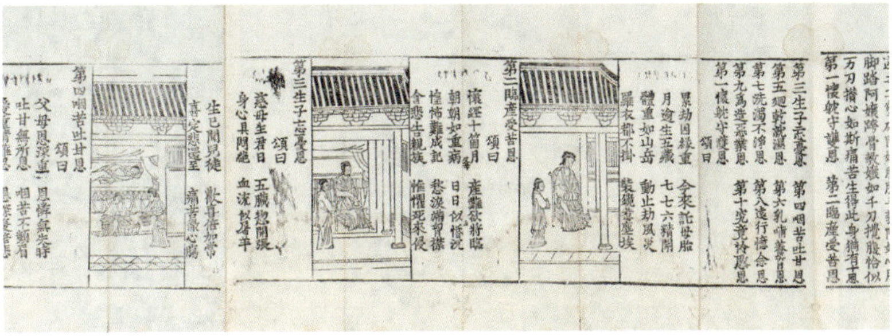

도 24 불설대보부모은중경 조선 | 국립중앙박물관 소장, 자료제공: 국립중앙박물관

13세기부터 조선 말까지 조성된 많은 판본이 전한다.(도 24) 현재 전하는 판본 가운데 가장 오래된 것은 1378년에 조성된 판본으로 『부모은중경』은 고려 말에 수입되었을 것으로 추정된다. 이 경전은 조선이 효를 강조한 유교 사회였기 때문에 불교 경전임에도 불구하고 『법화경』, 『금강경』과 함께 많은 판본이 제작되어 전한다.

3) 경문을 베껴 쓰는 재료

경문을 쓰는 재료는 먹墨, 금金, 은銀, 피血 등 다양한 재료를 사용하였다.[27]

(1) 먹(墨)

먹墨은 기록하는 재료 가운데 오래된 역사 및 대중적인 인지도를 갖고 있다. 먹의 기원은 중국 은殷(B.C 16~11세기)대부터 주周(B.C 8세기~221년)대를 거쳐 발전을 거듭하였다. 현재와 같은 고형체로 된 먹은 기원

27 김경호, 앞의 책(도서출판 고륜, 2006), 51쪽.

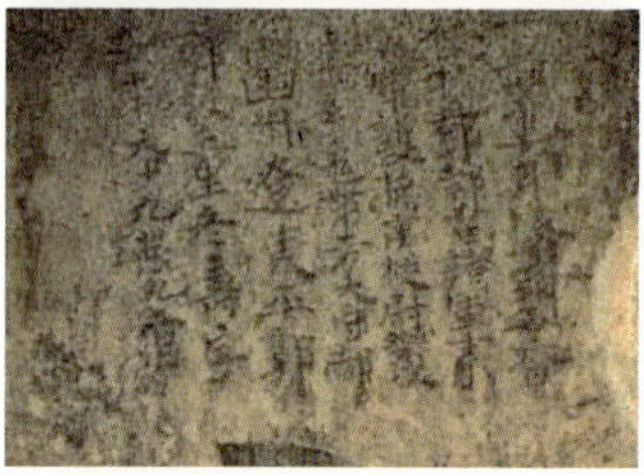

도 25 **동수(冬壽) 초상**
고구려 | 자료제공: 국가유산청

도 26 **동수(冬壽)의 내력을 적은 묵서명**
고구려 | 자료제공: 국가유산청

전 2세기 중엽의 것으로 추정하는 송연먹松煙墨으로 한대漢代의 묘에서 출토되었다. 『후한서後漢書』와 『동관한기東觀漢記』에는 2세기 초인 화제和帝(재위기간: 88~106년) 때 각 나라에서 한나라에 먹을 헌납했고[28], 나라에 대사가 있을 때면 황제는 황태자나 고관, 학자에게 먹을 하사했다는 기록이 있으며, 송대宋代의 문헌 『묵경墨經』에는 한대에 먹을 소나무로 만들었다는 기록이 남아 있다.[29]

우리나라에 먹이 전래 된 시기는 불분명하다. 그러나 357년에 조성된 〈안악 3호분安岳三號墳〉의 벽화에 사용된 안료가 송연먹松煙墨을 비롯한 석청, 황, 석간주, 황토, 자황, 연백 진사, 녹청, 백록, 주사, 자토, 금, 연분과 같은 광물질 가루를 사용하였다. 이들은 높은 습도에 견딜 수 있도록 해초를 달여 만든 태교나 동물성 아교에 개어 사용했다.[30](도 25) 또한 357년(永和 13)에 사망한 동수冬壽(289~357년)의 관직과 출생지 등을 해서체楷書體로 기록한 묵서명문墨書銘文이 전실前室의 서측 벽에서 발견되기도 하였다.(도 26) 또한 일본 나라奈良 쇼소인正倉院에는 신라에서 만든 먹을 소장하고 있다. 따라서 우리나라에서 먹은 이미 삼국시대

28 화제(和帝, 재위기간 :88~106년)는 후한의 제4대 황제.

29 엄태진·김강제·조정해, 「전통기록재료, 먹(ink stick)의 이해」, 『한국펄프·종이공학회 학술발표논문집』(한국펄프·종이공학회, 2009), 1~2쪽.

30 박아림, 『연구의 현황과 콘텐즈 개발』(동북아역사재단, 2009), 166쪽.

도 27 **신라백지묵서『대방광불화엄경』** 754~755년 | 삼성문화재단 소장, 자료제공: 국가유산청

에 사용하고 있었음을 알 수 있다.

현재 먹으로 경전을 베껴 쓴 사경은 754년~755년에 조성된 황룡사 연기법사緣起法師가 발원한 삼성문화재단 소장『백지묵서대방광불화엄경白紙墨書大方廣佛華嚴經』이 가장 오래된 사경이고, 이후 고려시대와 조선시대에 이르기까지 이러한 전통이 지속되어 다수의 사경이 남아 있다.(도 27)

(2) 금가루와 은가루

귀한 재료였던 금과 은은 경문을 쓰거나 변상도를 그릴 때 주로 사용하였다. 우리나라에서 언제부터 금이나 은으로 경전을 조성할 때 사용했는지는 알 수 없다. 다만, 357년에 조성된 〈안악3호분〉의 묘주 초상화에 대한 과학적 조사에서 금이 사용되었음이 확인되었다. 따라서

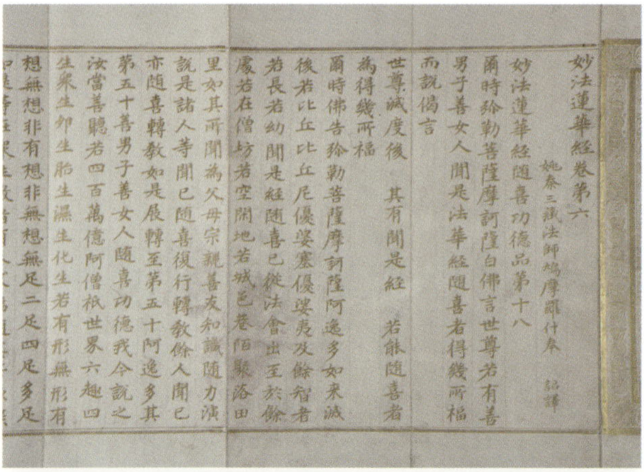

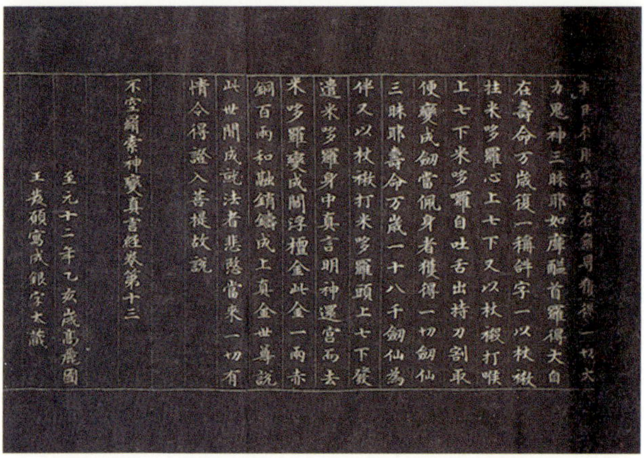

도 28 『묘법연화경』권제6 고려 | 국립중앙박물관 소장, 자료제공: 국립중앙박물관
도 29 『불공견삭신변진언경』권13 1275년 | 국립중앙박물관 소장, 자료제공: 국립중앙박물관

우리나라에서 금으로 그림을 그린 것은 4세기 중엽이었을 것으로 추정된다. 금·은니를 사용한 예 가운데 가장 이른 시기의 사경은 754년~755년에 조성된 삼성문화재단 소장『대방광불화엄경』으로 경문은 백지에 먹으로 썼고, 표지화와 변상도는 자색 종이에 금·은니로 그렸다.

금으로 백지에 경전을 쓴 예는 14세기에 조성된 국립중앙박물관 소장『묘법연화경妙法蓮華經』권제6이 좋은 예이다.(도 28) 이 사경은 백지에 금으로 경전을 베껴 쓰고, 변상도를 그려 장엄하였으나, 바탕재료와 쓰는 재료의 특성상 가독성이 현저하게 떨어진다. 한편, 은으로 경전을 쓰고, 금으로 변상도를 그린 사경은 1275년에 조성된 국립중앙박물관 소장『불공견삭신변진언경不空羂索神變眞言經』을 들 수 있다.(도 29) 이 사경은 감색 종이에 경문을 은으로 썼고, 변상도를 금으로 그려 가독성이 뛰어날 뿐만 아니라, 왕실 발원경으로서 장엄한 위상을 보여준다.

(3) 피(血寫經)

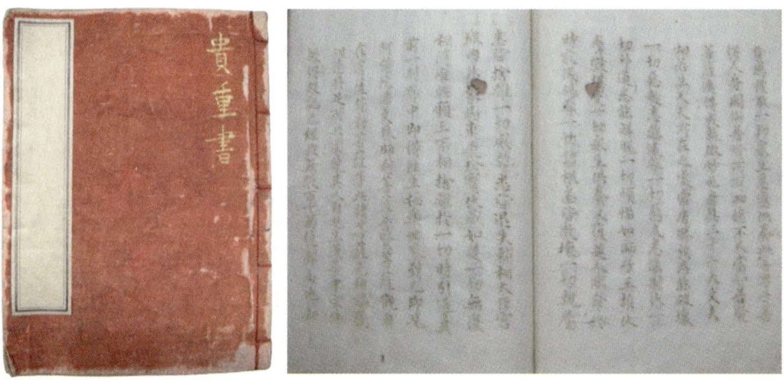

도 30『불설아미타경』, 조선 | 개인 소장

피로 경전을 옮겨 적은 사경은 흔치 않다. 현재 전하고 있는 혈사경血寫經은 개인 소장『불설아미타경佛說阿彌陀經』을 들 수 있다. 선장본의 이 사경은 적색 표지에 좌측 상단에 경의 제목을 적을 수 있는 곽을 만들었으나, 경명은 기록하지 않았다. 화면 우측 상단에는 금니金泥로 "귀중서貴重書"라고 썼다. 본문의 경문은 한 면에 8행 17자를 단정한 사경체로 썼다.(도 30)

4) 장정형식裝幀形式

장정의 사전적 의미는 "책 겉장이나 면지面紙, 도안, 색채, 싸개 따위의 겉모양을 꾸밈, 또는 꾸밈새"를 의미한다. 특히 사경의 장정은 부처의 말씀을 기록한 것으로 호화롭게 장엄하기 위한 목적도 있지만, 내용의 보존과 충해 및 방습을 위한 목적이 크다. 우리나라 전통 장정 형식은 크게 권축장卷軸裝, 절첩장折帖裝, 호접장蝴蝶裝, 포배장包背裝, 선장線裝 차례로 장정 형식의 변천變遷이 이루어졌다.[31] 이 가운데 전통 사경에서 주로 채용한 장정은 권자본卷子本, 절첩본折帖本, 선장본線裝本 등 3가지가 주류를 이룬다.

권자본은 두루마리로 된 책자를 말한다. 축을 중심으로 종이를 말 수 있는 형태이다. 권자본은 종이가 유연하지 않으면 그 자체가 갖는 구조적 한계 때문에 취급에 불편함과 손상이 발생할 수 있다.(도 31) 즉, 두루마리를 펴고 말고 하면서 읽어야 하는 번거로움이 있다. 권자본은 통일신라시대부터 고려시대까지 크게 유행하였다.

반면, 절첩본은 권자본의 불편함을 보완하기 위해 절첩형태로 제작

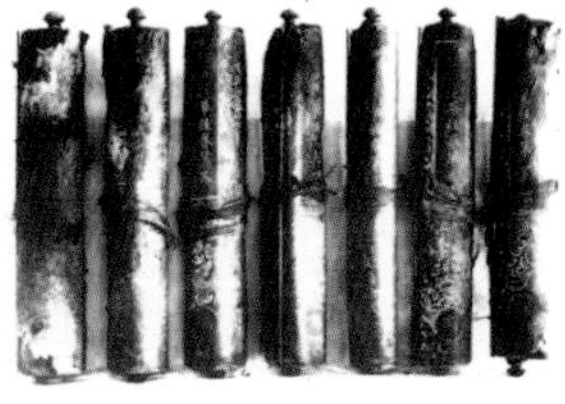

도 31 **『사법연화경』** 1283년 | 국립중앙박물관 소장, 자료제공: 국립중앙박물관

도 31-1 **『묘법연화경』 출토 당시 모습(경기 개성 남계원 칠층석탑 발견)** 국립중앙박물관 소장, 자료제공: 국립중앙박물관

31 김희정, 「근·현대기 교과서류 출판물의 장정(裝訂) 연구」(한국전통문화대학교문화유산전문대학원 석사논문, 2022), 17쪽.

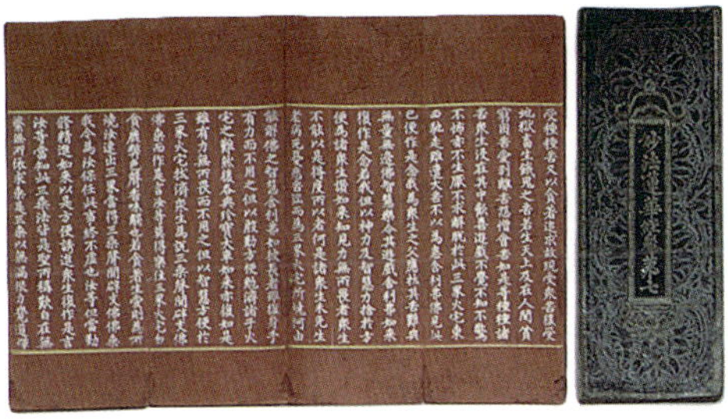

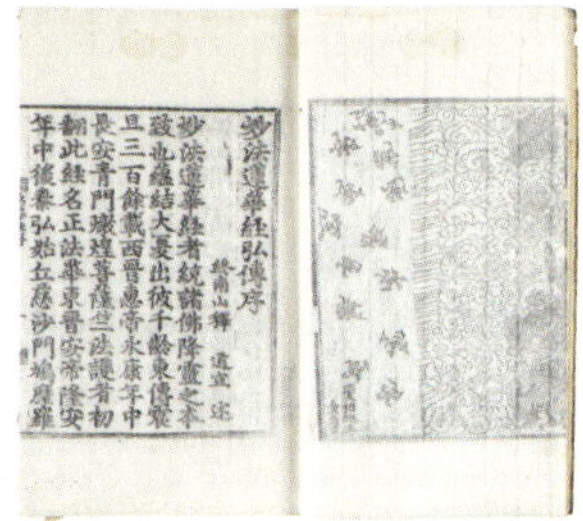

도 32 **상지은니 『묘법연화경』** 1373년 | 국립중앙박물관 소장, 자료제공: 국가유산청

도 33 **『묘법연화경』** 조선 | 국립중앙박물관 소장, 자료제공: 국립중앙박물관

하여 편의성과 구조적인 안정성을 꾀하여 단점을 극복하고자 하였다. 절첩형태는 병풍의 형태와 유사하여 접었다 펼 수 있는 구조로 한 면의 크기에 맞추어 규칙적으로 연결해 만들어진 것이다. 크기와 상관없이 얇은 종이로 제작하면 취급에 어려움이 있고, 그 형태를 유지하기 힘든 구조다. 따라서 절첩본의 사경은 두꺼운 종이로 만들어 첩의 구조를 지탱할 수 있도록 하였다.(도 32) 절첩본은 고려시대, 특히 14세기부터 크게 유행하였으며, 이러한 전통은 조선 초기까지 지속되었다.

선장본은 인쇄된 면이 밖으로 나오도록 책장의 가운데를 접고 등 부분을 끈으로 묶어 만든 책이다. 책의 모양은 현대의 제책형태로 한 장 한 장 넘겨 가며 읽을 수 있도록 하여 권자본이나 절첩본에 비해 사용이 훨씬 편리해졌나. 선장본은 조선시대 전 시기를 걸쳐 크게 유행하였다.(도33)

5) 발원자

사경은 발원 주체에 따라 크게 국왕발원 사경과 개인발원 사경으로 나눌 수 있다.

(1) 국왕발원

국왕발원 사경은 대부분 대장경으로 외침을 진압하여 나라를 수호한다는 진호국가鎭護國家 사상에 기초한 국가적인 차원의 불사였다. 따라서 국가기관인 사경원寫經院·금자원金字院·은자원銀字院 등과 같은 전문 사경승寫經僧들이 제작에 참여하여 높은 수준을 보여준다.[32] 국왕발원사경의 장정형식은 대부분 권자본卷子本이며, 재료 면에서는 감지에 금니·은니로 화려하게 장엄했는데 겉표지에는 보상당초무늬를, 책머리의 변상도는 경전 수호의 의미를 담고 있는 단독의 신장상을 유려하고 섬세한 필치로 그렸다.[33]

경문은 금선으로 위·아래 천지선天地線을 그리고 종으로 계선을 구획한 다음 여기에 해서체로 1행에 14자 또는 17자씩 필사했다. 또한 경전이름 아래 '천자함'千字函을 표시하여 경전의 권별 순서를 표시하였다. 경문의 말미에는 조성연대 및 국왕발원문을 적었다.

(2) 개인발원 사경

한편, 개인 발원사경은 그 종류가 다양하지만『법화경』과『화엄경』이 주류를 이루어 신앙적으로는 전통성이 강하게 유지되었음을 알 수 있다. 또한 장정형식이 권자본도 있지만 대체로 절첩본이 주류를

---

32 권희경,『고려의 사경』(청주고인쇄박물관, 2006), 36~44쪽.

33 南宋대에 위태천이 신앙적 대상으로 자리 잡으면서 가람수호, 사리수호, 호법선신 등을 담당하는 역할로 인정받았으며 도상적인 면으로도 갑주를 입고 합장하거나 한손에 독고저를 든 무장상의 모습으로 등장한다. 위태천은 도선율사와의 인연으로 송대부터 사리수호의 임무를 띠게 된 것으로 생각하며 법사리인 경전이나 사경의 수호신장으로 등장하는 것도, 그의 사리수호 임무와 맞물려 도산이 법화경을 널리 알리기 위해 서문을 쓴 것이 인연이 되어 사경의 수호신장으로 등장한 것으로 추측한다. 이승희,「중국 송대의 위태천 신앙과 도상고찰」,『미술사연구』19(미술사연구회, 2005), 111쪽.

도 34 『대반야바라밀다경』권175
1055년 | 국립중앙박물관 소장,
자료제공: 국립중앙박물관

이루고 있으며, 경문과 변상도 모두 금으로 그리고 썼다. 현존하는 개인발원사경 중 가장 오래된 것으로는 1055년(문종 9)에 금오위대장군金吾衛大將軍이었던 김융범金融範이 발원하여 조성한 국립중앙박물관 소장 『대반야바라밀다경大般若波羅蜜多經』 권제175가 있다. 발원 내용을 보면 조부모님, 부모님의 명복과 가족의 안녕을 기원하였는데 불교경전의 내용을 금으로 정성껏 썼고, 변상도는 없으나, 경문이 시작되기 전 책머리에 나뭇잎의 모양으로 화려하게 꾸몄다.(도 34)

3. 사경의 구성과 역사

1) 사경의 구성

사경의 구성요소는 크게 표지, 변상도, 경문, 발원문 등으로 구성된다.(도35) 그러나 모든 사경이 이러한 요소를 두루 갖추고 있는 것은 아니다. 특히 변상도나 발원문이 없는 경우가 다수 있다.

사경 구성요소의 순서는 일률적으로 적용되기보다는 시대에 따라 다소간의 차이가 있다. 통일신라부터 조선시대까지 대부분의 사경은 표지, 변상도, 경문, 발원문 등으로 구성된다. 그러나 1334년 조성된

[표 3] 사경의 구성 | 표지화, 발원문, 변상도, 경문

도 35 『대방광불화엄경』주본 권22 1334년 | 국립고궁박물관 소장, 자료제공: 국립고궁박물관

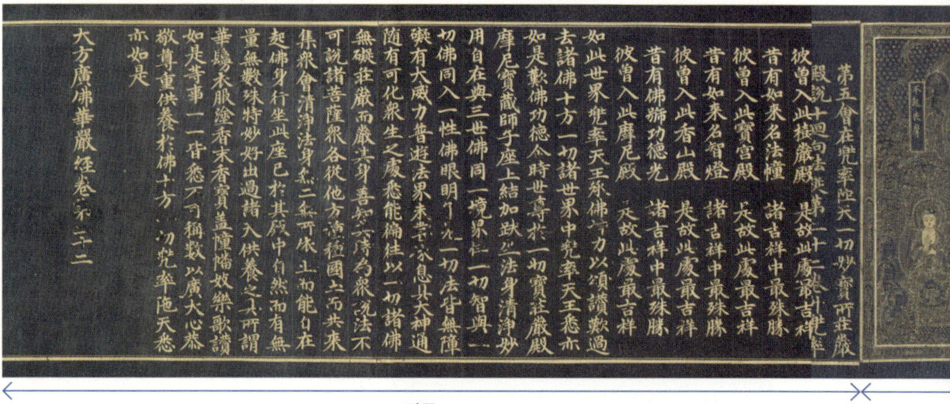

경문

코리아나화장박물관 소장 『대방광불화엄경』권제15와 1334년에 조성된 호림박물관 소장 『대방광불화엄경보현행원품』의 경우, 표지, 발원문, 변상도, 경문 순으로 구성하여 이 시기에 조성된 다른 사경과는 차이를 보인다. 이들은 고려 왕실에서 환관으로 봉직하다 원나라로 건너간 친원세력들이 발원한 사경으로 대부분 이러한 구성을 보이고 있어 이채롭다.

(1) 표지

사경의 표지는 권자본卷子本과 절첩본折帖本, 선장본線裝本 등 장정형식과 시대에 따라 약간의 차이를 보인다. 표지는 대체로 금니와 은니로써 장엄되었으며, 일정한 형식과 내용을 갖추었다.

① 권자본

권자본의 표지는 절첩본에 비해 옆으로 넓어지는 특징이 있다. 화

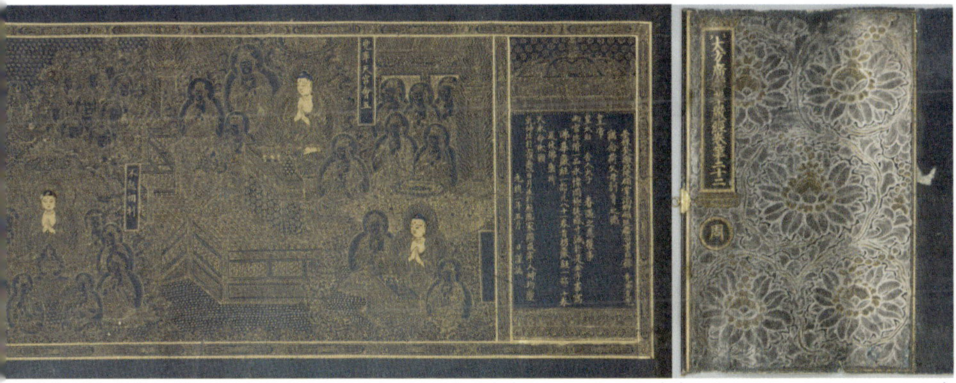

면 구성은 표지의 가장자리에 2중 윤곽선을 그리고, 그 안에는 상단과 하단의 좌우에 2개씩의 연꽃을, 중앙에 1개의 연꽃을 배치한다. 5개의 연꽃 수변을 보상·당초넝쿨무늬가 감싸고 있는 모습이다. 표지 가장자리의 2중 윤곽선은 굵고 가는 선으로 이루어져 있는데, 여기에는 문양대文樣帶가 없다. 또한 화면 좌측 상단에 앙련형 보개仰蓮形 寶蓋와 연화대좌가 받치고 있는 직사각형의 이중곽을 마련하고 금니로 개법장부호鶴立蛇橫와 함께 경전의 제목經題을 적는 것이 일반적이다.

또한 표지화는 은으로만 그린 사경과 금·은니로 그린 사경이 있는데 은으로만 그린 표지화는 1006년(목종 9)에 조성된『대보적경大寶積經』이 대표적이고, 대부분의 사경 표지화는 금·은으로 그렸다. 연판은 은니로 그리는 반면, 연화의 화판花瓣과 화심花心 등은 금니로 그려 화려하게 장엄하였다.[34] 이렇듯 금과 은을 함께 사용한 것은 단조로운 색감色感에 변화를 주고, 훨씬 화려하게 장엄하고자 한 것으로 추정된다.

34 권희경, 앞의 책(청주고인쇄박물관, 2006), 197~206쪽.

② 절첩본

절첩본의 표지는 2중 윤곽선 안에 금·은니로 3~4개의 연꽃을 수직으로 배치하고, 보상·당초넝쿨무늬가 이를 감싸고 있는 형상이다. 표지의 가장자리에는 권자본과 같이 이중 윤곽선을 두르고 그 안에 도식화된 인동당초문忍冬唐草文을 시문施文하는 것이 일반적이나, 문양을 채우지 않고 빈칸으로 남겨두는 경우도 있다.

표지 중앙에 위치한 3~4개의 연꽃 위에는 복련형 보개覆蓮形 寶蓋와 연화대좌 위에 직사각형의 이중곽을 마련하고 금니로 개법장 부호와 함께 경전의 제목을 적었다.[35] 표지의 이러한 형식은 고려시대부터 조선시대까지 조성된 절첩본 형식에서 일반적으로 적용된다.[36] 또한 3~4개로 배치된 연화의 화판과 화심의 윤곽선은 두꺼운 금니로, 화판의 잎은 은니로 그렸고, 이를 감싸고 있는 보상당초문의 줄기는 금니로, 잎은 은니로 마감하였다.

③ 선장본

선장본의 표지는 두꺼운 종이에 칠보문양이나 상징적인 문양을 음각하거나, 칠보문양이 새겨진 비단을 덧대 마감한다. 조선시대 판경에서 주로 이용되었다.

(2) 변상도

변상도는 심오한 경전의 내용을 대중들이 쉽게 이해할 수 있도록

---

35 박도화, 「高麗金銀泥寫經畵(變相圖)의 樣式考察」, 『미술사학연구』184(한국미술사학회, 1989), 2~24쪽.

36 권희경, 앞의 책(청주고인쇄박물관, 2006), 207~269쪽.

그림으로 변화해서 한 폭 으로 표현한 교화용 그림으로 함축하는 특징이 있다.[37] 우리나라의 변상도는 당대唐代에 조성된 돈황벽화敦煌壁畫에서 그 기원을 찾을 수 있으며, 한국을 비롯한 일본에도 전파되었다.

변상도는 내용적으로 볼 때 크게 3종의 유형으로 구분할 수 있다. 첫째, 경전의 내용을 구체적으로 구상화하는 것이다. 즉 경전에서 설해진 불교의 사상과 개념의 이해를 돕기 위해 제시되는 다양한 비유 등 설화적인 내용을 시각화한 것이므로 진정한 의미의 변상도라 할 수 있다. 이러한 유형의 대표적인 예는 대부분의『법화경』과『화엄경』변상도 등이다. 둘째는 경전의 내용이 설해지고 있는 상황 즉, 법회의 장면을 시각화하는 설법도 형식이다. 여기에는 경전의 서분序分에서 설명되는 설법하는 본존과 법회에 참여한 성중들이 표현된다. 경전 내용을 일일이 표현하지 않고 설법도로서 전체의 변상을 대신하는 것이다. 예를 들면 1332년에 조성된 나베시마호코카이過度報效會 소장『법화경』8권본의 권1 변상이 대표적이다. 세 번째는 경전의 내용과 무관하게 장엄적인 그림으로 변상을 대신하는 유형이다.[38] 즉, 책머리에 신장상을 그려 넣은 공통점이 있다. 대표적인 예는 1275년에 조성된 국립중앙박물관 소장『불공견삭신변진언경』을 비롯한 13세기 말에 조성된 다라니경陀羅尼經이다.

(3) 경문

경문은 경의 제목, 번역자, 품명, 경문을 쓴 것으로 일정한 형식을 갖추고 있다. 먼저 통일신라시대의『대방광불화엄경』은 권자본으로

37 문명대,『한국불교미술의 형식』(한언, 2009), 153쪽.

38 박도화, 앞의 글(지앤에이커뮤니케이션, 2007), 308~309쪽.

책명과 번역자, 그리고 품명, 경문을 썼다. 경문은 8mm 간격으로 계선界線을 긋고 내림 글씨로 한 줄에 34자씩 썼다.

고려시대에는 장정형식이 권자본과 절첩본이 혼용되던 시기이다. 권자본으로 1275년에 조성된 국립중앙박물관 소장『불공견삭신변진언경』은 각 행에 14자씩 썼으며, 1276년에 조성된 일본 교토국립박물관京都國立博物館 소장『문수사리문보리경』은 각 행에 14~15자씩 썼다. 반면, 절첩본인 1294년에 조성된『묘법연화경·아미타경범행품대비심합부』는 절첩 한 면에 6행 16~17자를 썼다. 14세기 초인 1315년에 조성된 일본 가나자와金澤 다이죠지大乘寺 소장『묘법연화경』권제1은 절첩 1면에 6행 17자를 적었다. 절첩 1면에 6행 17자를 쓰는 전통은 이 작품을 기점으로 고려시대 및 조선시대 초기까지 조성된 절첩본에 적용하고 있음을 알 수 있다.

(4) 발원문

발원문은 대체로 경문을 사경 한 후 마지막 부분에 서사하는 것이 일반적이다. 특히 국왕발원은 1275년에 조성된 국립중앙박물관 소장『불공견삭신변진언경』이나 1276년에 조성된 일본 교토국립박물관 소장『문수사리문보리경』과 같이 언제 누가 은자대장을 발원했다고 간략하게 적은 경우가 대부분이다. 반면, 귀족이나 승려, 일반인들이 발원한 경우는 국왕을 비롯한 왕실 세 어른의 만수무강과 국가의 안녕을 기원하고, 먼저 돌아가신 부모님의 극락왕생과, 자신의 현세구복을 기원한다.

14세기 초에서 14세기 중엽에 이르는 시기에는 발원문이 경문의 끝이 아니라, 책머리의 변상도 앞에 위치하는 경우도 있다. 1334년에 조성된 코리아나화장박물관 소장『대방광불화엄경』권제15와 동일 본으로 추정되는 국립고궁박물관 소장『대방광불화엄경』권제22는 발원문이 변상도 앞에 별도의 곽을 만들고, 여기에 연꽃문이 장식된 위패형位牌形을 그리고, 그 안에 발원문을 썼다.[39] 발원문 내용은 부모, 원나라 황실의 세 어른들, 고려 왕 등을 축원하기 위해 이 사경을 조성했다고 적고 있다.[40] 발원자의 이름은 '정독만달아鄭禿滿達兒'로 몽고식으로 이름을 개명改名하였다. 또한 호림박물관 소장『대방광불화엄경입불사의해탈경계보현행원품』도 앞의 두 작품과 맥락을 같이하고 있다.

2) 사경의 역사

(1) 불교경전의 성립

불교경전은 결집이라는 불전편집회의를 거쳐 성립되었다. 북방불교에서 결집은 총 3차례에 걸쳐 이루어지는데, 석가모니가 열반에 들고난 뒤 마하가섭의 주도로 진행된 1차 결집, 10사의 싸움에 기인하여 700여명의 장로가 바이샬리에 모여 집회를 가졌다는 2차 결집, 그리고 A.D 2세기 쿠샨왕조의 카니쉬카왕의 재위기간에 있었던 3차 결집이 그것이다.[41] 반면, 남방불교의 결집은 총 6차례 결집으로 북방불교의 1, 2차 결집을 포함하여 아쇼카왕 재위 시 파탈리풋타에서 목갈리풋타티사 장로가 개최한 3차 결집, 스리랑카에서 진행된 4차 결집, 1871년 미얀마 민돈왕이 2,400명의 비구들과 함께 쿠토도 파코다에서 진행한 5차 결집, 석가모니의 열반 2,500년을 기념해서 미얀마에서 진행한 6

39 『法華經繪卷と千年の祈り』(中之島香雪美術館, 2024), 114~116쪽.

40 이 시기는 친원세력들의 활동이 왕성했던 시기이다.

41 平川彰 著, 이호근 譯,『인도불교의 역사』(민족사, 1989), 134~135쪽.

차 결집 등이 있다.[42] 이러한 결집 과정을 거쳐 완성된 불교경전은 불교를 널리 알리기 위해 베껴 쓰는 일들이 반복되었다. 이것이 곧 사경인 것이다.

(2) 불교경전의 수용受容과 전개展開

① 삼국시대

한국에서 사경의 전통은 삼국시대 불교의 전래와 함께 시작되었을 것으로 추정된다. 『삼국사기三國史記』卷18, 고구려본기 제6 소수림왕2년조小獸林王二年條에 따르면 "372년 여름 6월에 진秦나라 왕 부견苻堅이 사신과 승려 순도順道를 파견하여 불상佛像과 경문經文을 보내왔다. 왕은 사신을 보내 사례하고 토산물을 바쳤다"라고 기록하고 있어 372년 6월에 불상과 경문은 전해 받은 사실을 확인할 수 있다. 이후 왕실에서는 불교 확산을 위해 3년 뒤인 "375년 봄에 초문사肖門寺를 창건하여 순도順道를 머물게 하였다. 또 이불란사伊佛蘭寺를 창건하여 아도阿道를 머무르게 하였다.[43] 이것이 해동 불교의 시작이다." 라고 기록하고 있다. 따라서 고구려는 이 시기부터 불제자들의 교육과 불교의 교리를 널리 유포流布하기 위해 불경을 베껴 쓰는 사경寫經이 왕성하게 이루어졌을 것으로 추정된다. 그러나 삼국시대의 사경이 남아 있지 않아 그 실체를 파악하기는 어렵다.

다만, 최근에 삼국시대에 사경소寫經所가 존재했을 가능성을 조심

---

42 이필원, 「최초 경전의 성립과 기록」, 『불교경전은 어떻게 전해졌을까』(불광출판사, 2010), 40~55쪽.

43 『三國遺事』권제3, 興法第三, 順道肇
"高麗夲記云小獸林王即位二年壬申, 乃東晉咸安二年, 孝武帝即位之年也, 前桊 符堅遣使及僧順道送佛像經文時堅都關中即長安.. 又四年甲戌阿道來自晉. 明年乙亥二月創肖門寺以置順道, 又創伊弗蘭寺以置阿道."

스럽게 추정하고 있어 학계에 비상한 관심을 모았다. 즉, 경주 월성 해자에서 출토된 149호 목간을 통해 7세기 중엽 신라에 관립官立 사경소가 존재하였고, 인적 구성은 대조지랑大鳥知郎(목간 작성자) 2명과 사경 종사자 경필사經筆師·장황사裝潢師 2인 정도의 소규모가 있었으며, 사경지 재료인 백불유지白不踓紙(도침 과정을 거치지 않은 흰 종이)와 이를 세는 단위로 개个가 존재하였다고 주장하였다.[44] 이러한 자료는 삼국시대에 관官에서 사경을 주도적으로 했을 가능성을 높여주는 것으로 사경 연구에 귀중한 자료이다.

② 통일신라

통일신라의 불교는 삼국시대의 전통을 기반으로 당나라와의 빈번한 교류와 많은 중국 유학승들로 인해 다양한 신앙과 사상이 수용되면서 다채롭게 전개되었다. 특히 경덕왕대景德王代(재위기간: 742~765)에는 주변 국가들과 활발한 문화교류를 통해 국제적인 문화를 공유했던 시기로 불국사·석굴암을 비롯해 수많은 걸작을 남긴 불교문화의 절정기였다.

8세기 중엽에 조성된 것으로 알려진 『무구정광대다라니경無垢淨光大陀羅尼經』은 통일신라시대에 인쇄술이 이미 상당한 수준에 이르렀음을 알려 준다. 이것은 경전의 연구와 독송용으로 보급되던 사경이 점차 줄어들고, 내량생산 할 수 있는 목판 인쇄본이 그 역할을 대신 했던 것으로 추정할 수 있다.[45] 그러나 판경板經의 발달에도 불구하고 사경은 서사공덕書寫功德을 위한 신앙적인 차원에서 꾸준히 유행하였다.

우리나라 최고最古의 사경은 754~755년에 조성된 삼성문화재단 소장 『백지묵서대방광불화엄경』이다. 이 사경은 권 1에서 10까지와 권

44 權仁澣, 「목간을 통해서 본 신라 사경소의 풍경」, 『震檀學報』(진단학회, 2013), 197~215쪽.

45 정재영, 「新羅 寫經에 대한 研究」, 『口訣研究』33(구결학회, 2014), 101~102쪽.

도 36 『대방광불화엄경』 겉표지의 보상화문 754년 | 삼성문화재단 소장, 자료제공: 국가유산청
도 37 『대방광불화엄경』 겉표지의 신장상 754년 | 삼성문화재단 소장, 자료제공: 국가유산청
도 38 『대방광불화엄경』 변상도 754년 | 삼성문화재단 소장, 자료제공: 국가유산청

44에서 50까지의 두루마리卷子本로 제본된 2축이다.[46] 2축 모두 권10과 권50의 뒷부분에 발원문이 실려 있는데 10권씩 8축으로 제본하여 마지막 권에는 발원문을 썼다.

두루마리의 표지는 자색紫色으로 염색한 종이에 겉에는 보상화문寶相華文과 금강역사상金剛力士像을 금·은으로 그렸다.(도 36) 안쪽에 그려진 변상도는 금·은으로 그렸다.(도 37) 변상도는 중앙의 사자좌 위에 앉은 보살형의 비로자나불과 그 오른쪽에도 사자좌 위에 앉은 보현보살로 추정되는 보살 1구가 협시하고 있다. 비로자나불 왼쪽에는 여러 구의 보살들을 배치하였다. 부처와 보살들의 형태는 세련되고 우아하며 탄력이 넘치고, 이러한 모습은 얼굴이나 신체, 손이나 발에서도 간취된다. 이러한 형태는 석굴암 보살상과 같은 8세기 중엽의 조각상들과

46 권1에서 10까지의 한 축은 출토 당시부터 응고되어 내용을 알 수 없었는데, 1988년 가을 日本 교토박물관(京都博物館) 문화재 보존 수리소인 오카보고도(岡墨光堂)에서 온 기술자에 의해서 풀고 보수하여 내용을 알 수 있게 되었다.

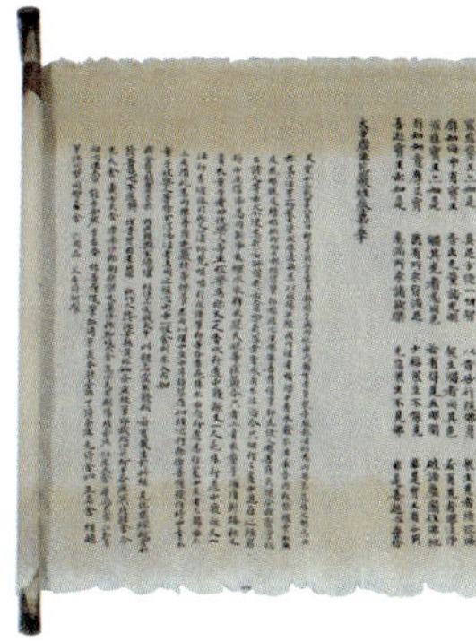

도 39 『대방광불화엄경』 경문 754~755년 | 삼성문화재단 소장, 자료제공: 국가유산청
도 40 『대방광불화엄경』 발원문 754~755년 | 삼성문화재단 소장, 자료제공: 국가유산청

매우 닮아 사실주의 양식을 잘 보여준다.(도 38) 선묘 역시 이러한 특징을 잘 보여준다. 건물이나 인물의 얼굴 윤곽 또는 신체 세부 묘사에서 우아하고 유려한 선묘를 보여준다.

경문이 쓰여진 두루마리는 폭이 29.2cm, 길이 1,397cm이다. 세로로 8mm 간격의 선을 긋고 내림 글씨로 한 줄에 34자씩 썼으며(도 39), 경문의 끝에는 14줄 520여 자로 발원문을 썼다.(도 40)

발원문에는 경주 황룡사의 연기법사緣起法師가 아버지의 은혜와 법계의 모든 중생이 모두 불도를 이루도록 발원한 것으로 754년(경덕왕 13) 8월 1일에 시작하여 나음 해인 755년 2월 4일까지 6개월 14일이 걸려 완성하였다. 또한 사경의 제작 방법, 법식法式, 의식儀式 등이 상세하게 기록되어 당시 사경 제작은 신앙 의식 차원에서 이루어졌음을 알 수 있다. 또 사경 제작은 종이를 만드는 사람紙作人, 필사자筆寫者, 경심장經心匠, 화사畵師, 경의 제목만을 쓰는 필사자經題筆寫者가 따로 있어 철저한 분업에 의해 제작되었음을 알 수 있다.[47]

---

47 문명대, 「新羅華嚴經과 그 變相圖의 硏究-寫經變相圖의 硏究(1)」, 『韓國學報』14輯(一志社, 1979),

사경의 서체는 초당初唐의 해서풍과 왕의지王羲之의 행서풍이 통일신라시대에 유행하였고, 8세기 중엽 이후로는 중당中唐의 새로운 서풍도 일부 수용되었다. 사경과 관련하여 당나라에서 과거·교육제도가 정착되면서 '가지런하고 반듯한楷政 글씨가 중시되었고, 당나라 명필의 글씨를 바탕으로 한 당사경체唐寫經體가 널리 전파되었다.[48]

③ 고려시대

고려시대 불교는 귀족불교 뿐만 아니라, 국가수호의 호국불교로서 기능을 살필 수 있는데, 건국 이념을 비롯한 몇 차례의 외침外侵에 대한 대비에서 알 수 있다. 993년(성종 12)부터 3차례에 걸친 거란의 침입으로 위협을 느낀 왕실에서는 1010년(현종 1)에 1차『대장경』조판사업을 시작하였다. 이것은 불법佛法으로 외적外敵을 물리쳐 국가의 어려움을 극복하고, 한편으로는 부모의 극락왕생을 기원하기 위한 경서신앙經書信仰이 강조된 사경寫經 제작이 가장 적합한 것으로 여겼기 때문이다.[49] 따라서 불교는 통치 이념으로서 기능은 축소되지만, 고려사회에 깊이 뿌리 내리고 있음을 알 수 있다.

고려의 문벌귀족사회는 1170년(의종 24)에 무신들에게 주어졌던 영업전永業田 박탈이 기화되어 일어난 무신란을 계기로 완전히 무너진다. 이 무신정권은 관인官人으로서의 신분세습身分世襲을 하는 권문세족權門世族으로 4대에 걸쳐 62년간(1196~1258) 독재정치를 하지만, 장기간에 걸친 몽고의 침입으로 1270년(원종 11)에 무너지게 된다. 이때에도 외적의 침입을 불법佛法으로 막기 위해 1236년(고종 23) 2차 팔만대장경 조판

27~64쪽.

48 이완우, 「우리나라의 사경 서풍」,『사경 변상도의 세계-부처 그리고 마음』(국립중앙박물관, 2007), 317쪽.

49 동국대학교 교양교재편찬회,『佛敎文化史』(東國大出版部, 1988), 171~172쪽.

사업八萬大藏經造板事業을 착수하고, 강화도에 대장도감大藏都監을 세워 조판造板하였다. 즉, 1차 대장경 사업과 같이 불교의 힘으로 국가를 수호하려는 목적으로 이루어 졌다.[50]

고려시대에는 국가에서 사경원寫經院을 비롯한 금자원, 은자원 등을 설치해 운영할 정도로 사경 제작이 크게 유행하였다.[51] 특히, 이 시기에 조성된 사경은 불상의 복장이나 탑사리塔舍利로 봉안되는 신앙적信仰的인 의미를 지닌 공덕경功德經으로 당시의 최고급지인 감지·홍지·상지 등에 금은니로 화려하게 장엄하였다.[52] 발원문의 내용은 주로 국가의 안녕과 번영을 기원하는 국가적인 차원의 내용에서부터 자신이 살아 있을 때 복을 받고現世救福 수행공덕修行功德을 쌓고자 하는 개인의 소망을 기원하는 등 다양한 내용을 담고 있다.

고려시대 사경은 당시에도 동아시아 3국의 사경 가운데 으뜸으로 꼽을 만큼 높은 수준을 자랑했다. 원나라에서는 고려 왕실에 수시로 사경을 요청하였을 뿐만 아니라, 충렬왕忠烈王(재위기간:1274~1308)대에는 숙련된 고려의 사경승들을 적게는 몇 명에서부터 많게는 100여명을 원나라의 요청으로 보냈다.[53]

---

50 裵泳一,「高麗時代 華嚴經 寫經 變相圖의 硏究」, (東國大學校大學院碩士學位論文, 1994), 4~5쪽.

51 박도화,「高麗金銀泥寫經畵(變相圖)의 樣式考察」,『고고미술』184(한국미술사학회, 1989), 20쪽; 권희경,「사경원과 염승익 발원의 사경 [묘법연화경] 7권본 1부」,『한국기록관리학회지』3(한국기록관리학회, 2003), 3~9쪽.

52 고려시대 사경의 등장은 이 시기가 목판인쇄술에 의한 조판시기였기 때문에 인쇄술에서 얻을 수 없는 새로운 방법을 모색할 수밖에 없었기 때문이라고 주장한다. 禿氏祐祥,「高麗時代の解に就いて」,『寶雲』125(佛敎美術, 1925) 1~9쪽; 權熹耕,「至元六年銘 紺紙金字法華 について」,『佛敎藝術』, vol.113(每日新聞社, 1976), 86~100쪽에서도 우리나라 초기 사경은 백지묵서였겠지만, 목판인쇄술이 발명된 이후부터는 고급지를 쓴다고 주장한다.

53 『高麗史』권제30 忠烈王 16年(1290) 夏四月 丁酉 遣寫經僧六十五人如元;『高麗史』권제31 忠烈王 23년(1297) 癸酉 遣將軍趙瑊, 押寫經僧如元;『高麗史』권제32 忠烈王 28년(1302) 夏四月 辛未 元遣別帖木兒等來, 徵寫經僧;『高麗史』권제32 忠烈王 31년(1305년) 庚寅 元遣忽都不花來, 求寫經僧, 選僧一百, 以遣之 등 기록이 남아 있다.

고려시대 사경은 크게 무신난武臣難을 기점으로 전반기(918~1170)와 후반기(1170~1392)로 나눌 수 있다.

· 고려 전반기

고려 전반기(918~1170) 사경은 통일신라 사경의 전통을 이어받은 1006년에 조성된 교토국립박물관 소장『대보적경大寶積經』권제32와 1081년에 조성된 일본 와카야마和歌山 콘고부지金剛峯寺소장『묘법연화경妙法蓮華經』8권본 한 질 등이 남아 있다.

일본 교토국립박물관 소장 권자본인『대보적경大寶積經』권제32는 목종의 모후인 천추태후千秋太后(964~1029) 황보씨와 그의 외척인 김치양金致陽(?~1009)이 함께 발원한 사경이다.[54] 이 사경의 장정형식은 권자본이며, 은으로 변상도를 그리고, 금으로 경문을 썼다. 변상도는 세 보살이 연화좌蓮花座위에 서서 산화공양散花供養하는 모습을 그렸다. 흩날리는 꽃비를 배경으로 당당한 체구의 보살은 세련된 선묘로 아름답게 묘사되어 있다. 변상도 테두리 문양대 바깥 부분의 상단에는 비파 등의 악기가 허공에 날리고 있으며, 하단에는 꽃과 풀이 피어나고, 화면의 사이사이 공간에는 평행선을 긋고 구름문과 꽃으로 채웠다. 전체적으로 여백을 활용한 공간 구성과 끊김이 없이 이어진 유려한 선묘는 통일신라 사경의 전통을 이은 고려 초기 사경변상도의 높은 수준을 보여준다. 서체는 통일신라시대 이래 12세기까지 유행했던 구양순류歐陽詢流로 홀쭉하고 긴 자형과 붓끝이 날카롭게 드러나며 각이 진 점획으로 인해 강직한 인상을 준다.[55](도 41) 또한 1081년에 조성된 일본 콘고부지金剛峯寺소장『묘법연화경』8권본도 여백의 적극적인 활용과 능숙

---

54 국립중앙박물관, 앞의 책(지앤에이커뮤니케이션, 2007), 39쪽.

55 이완우, 앞의 글(지앤에이커뮤니케이션, 2007), 320~321쪽.

도 41 『불공견삭신변진언경』권13 1275년 | 국립중앙박물관 소장, 자료제공: 국립중앙박물관

하고 유려한 선묘에서 고려 초 사경의 특징이 잘 드러나 있다.[56] 서체는 글자의 짜임이 납작해지기는 했으나 각이 진 점획이나 뼈 마른 골격은 구양순 서풍의 영향이 보인다.[57]

· **고려 후반기**

고려 후반기의 사경은 변상도의 형식에 따라 크게 2가지로 구분되는데, 경전수호의 의미를 지닌 단독의 신장상神將像이 그려진 것과 부처와 권속들이 설법하는 모습을 그린 것으로 나눌 수 있다. 이들은 13세기 말에서 14세기 말까지 단기간에 조성되었음에도 불구하고 양식

---

56 赤尾榮慶, 「太康七年 紺紙銀字法華經八卷(金剛峰寺藏) 소개」, 『漢文讀法과 東아시아의 문자』(태학사, 2006), 455~493쪽.

57 이완우, 앞의 글(지앤에이커뮤니케이션, 2007), 323쪽.

이나 형식면에서 뚜렷한 변화를 보인다. 따라서 13세기 말에서 14세기 초, 14세기 중엽, 14세기 말의 세 시기로 나누어 변상도와 서체의 변화 과정을 간략하게 살펴보고자 한다.

④ 13세기 말~14세기 초

13세기 말의 사경은 책머리에 단독의 신장상을 그린 것이 대부분이고, 국왕이 발원하였다.[58] 반면, 불·보살의 설법장면을 그린 것은 한 점에 불과하다. 1275년(충렬왕 1)에 조성된 국립중앙박물관 소장 『불공견색신변진언경不空羂索神變眞言經』권제13(도 41)과 1276년(충렬왕 2)에 조성된 일본 교토국립박물관 소장 『문수사리문보리경文殊師利問菩提經』,[59] 1283년(충렬왕 9)에 조성된 국립중앙박물관 소장 『묘법연화경』권제7(도 42), 1294년(충렬왕 20)에 조성된 교토국립박물관 소장 『범묘법연화경·아미타경범행품대비심합부阿彌陀經梵行品大悲心合部』등이 있다.

도 42 『묘법연화경』권제1
1283년 | 국립중앙박물관 소장,
자료제공: 국립중앙박물관

금강저를 든 단독 신장상을 그린 변상도는 대체로 형식이나 신체의 묘법, 옷주름 등의 묘사에서 매우 유사한 화풍을 보인다.[60] 신장상의 얼굴은 용맹하고 위엄에 차 있

---

58 박도화, 앞의 글(한국미술사학회, 1989), 22쪽.

59 국립중앙박물관, 앞의 책(지앤에이커뮤니케이션, 2007), 44쪽.

60 박도화, 앞의 글(지앤에이커뮤니케이션, 2007), 309쪽.

으며, 머리 부분에는 이글거리며 타오르는 화염문火焰文을 그렸다. 신장상을 그린 사경은 모두 권자본이며, 왕실에서 직접 발원하였거나 왕실과 관련 있는 유력자가 발원한 것으로 유려하고 안정된 선묘로 신장상의 운동감을 자연스럽게 표현하였다.[61]

이들 사경은 동일한 서사 형식을 보이며, 서체는 11세기 고려 전기의 사경과 달리 점획에 각이 없어 부드럽고 유연하다. 1275년에 조성된『불공견색신변진언경』권제13은 당대 사경체를 기반으로 한 변화체이다. 1276년에 조성된『문수사리문보리경』은 획법에 있어 살집은 많지 않으나 부드러운 곡세曲勢를 띤다. 특히 획을 기울게 하고 삐침이나 파임은 길고 부드럽게 빼내어 늘씬하고 유연한 서풍으로 안진경의 서풍을 바탕으로 한 탄연의 서풍이다.[62]

한편 불·보살의 설법장면을 그린 사경은 1294년에 조성된 일본 교토국립박물관 기탁 소장『묘법연화경』과『불설아미타경佛說阿彌陀經』이다. 경문은 은으로 썼으며, 4첩으로 구성되어 있다.[63] 변상도는 제1첩의 표지와 제4첩의 안쪽에 있다. 제1첩의 표지에는 절첩 4면에 걸쳐 신장상 1구와 석가설법도, 호법신 등을 금으로 그렸다.[64] 제4첩 안쪽에는 절첩 2면에 아미타불과 선재동자를 금으로 그렸다.[65] 공간이 확보된 여백, 다소 살찐 듯한 얼굴, 고려 전반기에 비해 두껍고 경직된 곡선묘曲線描, 불·보살의 무릎에 표현된 달팽이 모양의 와굴문 등은 13세기

---

61 배영일,「고려시대 사경변상도의 양식적 흐름과 특징」,『사경 변상도의 세계-부처 그리고 마음』(지앤에이커뮤니케이션, 2007), 304쪽.

62 이완우, 앞의 글(지앤에이커뮤니케이션, 2007), 323쪽.

63 『묘법연화경』권제1의 안쪽 면에 권제2를, 권제3의 안쪽 면에 권제4를, 권제5의 안쪽 면에 권제6을, 권제7의 안쪽 면에『불설아미타경(佛說阿彌陀經)』,『대방광불화엄경범행품(大方廣佛華嚴經梵行品)』,『천수천안관음보살대비심다라니경(千手千眼觀音菩薩大悲心陀羅尼經)』등을 함께 써서 엮었다.

64 국립중앙박물관, 앞의 책(지앤에이커뮤니케이션, 2007), 48~49쪽.

65 국립중앙박물관, 위의 책(지앤에이커뮤니케이션, 2007), 52~53쪽.

도 43 『대방광불화엄경』 정원본 권34 고려 | 호림박물관 소장, 자료제공: 호림박물관

말 사경변상도의 전형적인 특징을 보여준다.

이러한 전통은 14세기 초의 사경으로 계승된다. 즉, 변상도의 넉넉한 여백 활용과 유려한 선묘, 부처님 무릎에 선명한 달팽이 모양의 와골문 등 13세기 말의 전통을 계승하고 있다. 특히 1337년에 조성된 호림박물관 소장『대방광불화엄경』권제34에서 잘 드러나 있다.(도 43) 한편, 구도는 14세기 초에 조성된 국립중앙박물관 소장『대방광불화엄경』권제27과(도 44) 통도사성보박물관 소장『대방광불화엄경』권제46과 같이 변상도는 오른쪽에 경전의 주인공인 부처님과 권속들을, 왼쪽에는 경전의 주요 내용을 압축하여 그리는 구도가 자리 잡게 된다.(도 45) 이러한 구도는 중국 남송南宋의『묘법연화경』판본板本의 변상도가 전래되면서 영향을 받은 것으로, 고려시대 사경 변상도의 구도에 큰 영향을 주었을 것으로 추정된다.[66]

66 須藤弘敏, 「동아시아의 사경」, 『佛教美術史學』5(불교미술사학회, 2007), 401쪽.

도 44 **『대방광불화엄경』권27 변상도** 고려 | 국립중앙박물관 소장, 자료제공: 국립중앙박물관
도 45 **『대방광불화엄경』 주본 권46** 고려 | 통도사성보박물관 소장, 자료제공: 통도사성보박물관

1315년에 조성된 다이죠지大乘寺와 텐린지天倫寺 소장『묘법연화경』의 변상도를 보면, 설법하는 장면이 설화적인 내용보다는 비중이 작다. 설법 장면에 등장하는 불·보살의 얼굴은 이중 턱의 둥근 얼굴에 각이 진 이마, 긴 눈썹과 눈, 작은 입 등이 세밀하게 표현되어 있다.

한편 구도는 경전의 주인공인 부처님이 크게 묘사되고 부처님 앞에서 법문을 듣고 있는 대중보살들은 부처님이 앉아 있는 수미단 아래로 보다 작게 그려 엄격한 2단 구도를 보인다. 한편, 서풍은 '고려 사경체'라고 할 수 있는 특유의 서풍이 유행하였다.

⑤ 14세기 중엽

14세기 중엽에는 국왕을 비롯한 귀족, 승려 등 다양한 계층에서 사경을 발원하였으며, 전해지는 사경의 양도 많다. 또한, 이 시기에 조성된 상당수 사경에서는 변상도가 있어 고려의 세밀하고 정치한 화풍이 정착되는 시기이기도 하다. 14세기 초의 세밀하고 유려했던 선묘는 도식화되고, 패턴화되며, 화면에는 여백을 남겨두지 않고 구름문이나 꽃비 등으로 화면 전체를 채워 화면이 복잡해진다. 구도 또한 1340년에 조성된 일본 나베시마호코카이 소장『묘법연화경』7권본 한질에서와 같이 설법장면이 절첩 2/4에서 3/4으로 확대되어 경의 극적인 내용이 축소 되거나 대상이 작아지기도 한다. 또한 14세기 중엽에 조성된 삼성문화재단 소장『대방광불화엄경보현행원품』과(도 46) 호림박물관 소장『대방광불화엄경』권제5 등과 같이 세밀하고 유려했던 선묘를 대신해 패턴화된 선묘가 화면 전체를 뒤덮고 있는 점에서 큰 변화를 보인다.(도 47)

불·보살도 정교하게 묘사되던 14세기 초의 사경과 달리 14세기 중엽에 이르면 얼굴의 윤곽선을 그리고 그 위에 이목구비를 붙여 놓은 듯한 모습이다. 1350년에 조성된 국립중앙박물관 소장『대방광불화엄경보현행원품』에는 이러한 양상이 잘 드러나 있는데, 강조된 이중 턱에 좌우로 길어진 눈, 벌리고 있는 듯한 입 등에서 변화된 모습을 확인할 수 있다.(도 48)

변상도에 등장하는 장식 문양들도 이와 궤를 같이하여 복잡하게 묘사되어 가는 양상이다. 특히, 구름무늬는 변상도의 공간을 구획하고 장식하는 중요한 요소 가운데 하나로 모양도 다양하여 변상도의 양식 변천 과정을 보여주는 요소 가운데 하나이다. 14세기 중엽 이후의 작품들에서는 구름무늬의 장식적인 요소가 더욱 강해진다. 1372년에 조성된 호림박물관 소장『대방광불화엄경보현행원품』에서는 세 개의 구

도 46 『대방광불화엄경보현행원품』 1341~1367 | 국립중앙박물관 소장, 자료제공: 국립중앙박물관
도 47 『대방광불화엄경』 주본권5-6 고려 | 호림박물관 소장 자료제공: 호림박물관
도 48 『대방광불화엄경행원품신중합부』 1350년 | 국립중앙박물관 소장, 자료제공: 국립중앙박물관

도 49 **『대방광불화엄경보현행원품』** 1372년 | 호림박물관 소장, 자료제공: 호림박물관

름무늬가 상·하로 짝을 이루어 반복되면서 하나의 문양대를 이루고 있는데 구름무늬를 묘사한 경직된 선묘가 이미 형식화의 절정을 이룬다.(도 49)

이 시기의 서체는 고려와 원이 밀접해진 관계에 따라 원의 문화가 고려에 유입되기 시작하는데, 특히 충선왕은 조맹부趙孟頫(1253~1322)를 비롯한 한족漢族 출신의 문인들과 교유하면서 그들의 복고주의 서풍을 고려에 전파시켰다. 따라서 충렬왕대 이후로 원대 서풍의 영향이 나타날 가능성이 충분하나, 이후 고려 말까지 그런 면모를 보여주는 필적은 확인하기 어렵다. 이는 기존 고려 서예의 전통이 강했기 때문이며, 특히 사경에 있어 '고려 사경체'의 보수성과 독자성이 강하게 적용된 시기이다.[67]

⑥ 14세기 말

14세기 말 변상도는 구도나 형태, 각종 문양, 선묘, 인물의 표현 등이 전반적으로 하나의 패턴에 의해 그려진다. 1377년에 조성된 호림박

67 이완우, 앞의 글(지앤에이커뮤니케이션, 2007), 327쪽.

물관 소장『묘법연화경』, 1385년에 조성된 국립중앙박물관 소장『묘법연화경』에는 이러한 양상이 두드러진다. 먼저 구도는 화면 왼쪽의 교훈적인 장면보다 오른쪽의 부처님과 권속들의 설법장면 비중이 훨씬 커져 변화된 모습이다. 또한 부처와 보살들의 얼굴은 다소 살찐 듯한 둥근 얼굴에 좌우로 불거진 뺨, 처진 턱 등이 특징적이며 이러한 얼굴 표현은 조선 초기까지 계속된다. 상하 구도는 부처님의 수미단 아래에 위치하던 보살들의 머리가 부처님의 수미단 위로 올라 2단 구도의 엄격함이 무너졌다. 1385년에 조성된 국립중앙박물관 소장『묘법연화경』의 변상도에서도 청문하는 보살의 머리가 부처님의 수미단 위까지 높여져 있어 변화된 구도를 확인할 수 있다. 이러한 구도의 변화는 고려시대에 조성된 불화에서도 극명하게 나타난다.

한편, 화면구성의 요소 가운데 두드러지게 변화를 보이는 것으로 구름무늬를 들 수 있다. 주로 4개의 둥근 구름무늬를 하나의 세트로 반복 배치하고 있는데, 1377년에 조성된 호림박물관 소장『묘법연화경』은 구름문을 연속적으로 배치하였고, 부처님의 광배에서 뻗어나가는 빛의 묘사는 구불구불하던 굴곡이 완만해지면서 규칙적인 선묘를 반복하여 사용하고 있는데, 완만한 곡선 사이에 구불거림이 심한 선을 5조 선마다 한 번씩 규칙적으로 배치하여 하나의 패턴화된 모습을 보여준다.(도 50) 1385년에 조성된 국립중앙박물관 소장『묘법연화경』의 구름무늬는 2개 선을 한 단위로 하여 구불거림을 표현하고 있는데 모양은 다르지만 역시 14세기 말의 특징을 잘 보여준다. 또한 부처님의 광배에서 뻗어 나가고 있는 빛은 3조 선을 한 묶음으로 연속 배치하였다.(도 51)

이 시기의 사경 서체는 이전 시기부터 부각되던 '고려 사경체'를 계승하여 다양한 양상을 보인다. 그러면서도 이전 시기보다 살집이 줄어

도 50 **『묘법연화경』권제1** 1377년 | 호림박물관 소장, 자료제공: 호림박물관
도 51 **『묘법연화경』제2권** 1385년 | 국립중앙박물관 소장, 자료제공: 국립중앙박물관

들고 글자의 기울기가 평정해지는 양상을 보인다.[68]

⑦ 조선시대

건국 초기의 불교는 태조太祖(재위기간:1392~1400) 등 몇몇 국왕과 대비나 왕비 등 왕실의 비호 아래에서 그 전통을 이어갔다. 그러나 이

68 이완우, 앞의 글(지앤에이커뮤니케이션, 2007), 327쪽.

후 불교를 배척하는 사회적 분위기에서 고려시대 꽃 피웠던 사경의 면모는 더 이상 찾아볼 수 없게 되었다.[69] 특히, 1504년 인수대비仁粹大妃(1437~1504)가 사망하자 도첩제度牒制를 폐지하고 원각사圓覺寺를 폐사廢寺하는 등 왕실의 지원도 점차 줄어들어 왕실 발원의 불사佛事는 거의 자취를 감추었다.[70] 이러한 상황 속에서 조선시대 사경은 양적·질적으로 쇠퇴하며 고려시대와 현격한 차이를 보인다.

조선 초기의 사경은 고려사경의 전통을 계승하였다.(도 52) 1422년에 조성된 국립중앙박물관 소장『묘법연화경』권제1의 표지화, 변상도

도 52 **『묘법연화경』제5권** 1400~1404년 | 국립중앙박물관 소장, 자료제공: 국립중앙박물관

---

69 김정희,『불화, 찬란한 불교 미술의 세계』(돌베개, 2009), 286~287쪽.

70 『태조실록(太祖實錄)』권(卷)6, 3년 7월 갑인(甲寅)조에는 태조가 왕씨(王氏)의 명복을 빌기 위하여 전례의판서(前禮儀判書) 한리(韓理) 등을 시켜 금으로『법화경(法華經)』4부를 써 각사(各寺)에 분치(分置)하고, 수시로 읽게 하였으며,『태종실록(太宗實錄)』권15, 8년 6월 병술(丙戌)조에는 한상경(韓尙敬) 등 7인에게 니금(泥金)으로 법화경을 쓰게 하였고,『세종실록(世宗實錄)』권112, 28년 5월 갑오(甲午)조에는 대자암(大慈庵)의 전경법회(轉經法會)에 사용된 금서불경은 집현전의 강희안(姜希顔) 등에게 명령하고 수양(首楊), 안평(安平) 양대군이 내왕감독(來往監督)하여 완성한 것임을 밝혔다. 장충식,『한국사경 연구』(동국대학교 출판부, 2007), 269쪽.

도 53 『묘법연화경』제1권 변상도 1422년 | 국립중앙박물관 소장, 자료제공: 국립중앙박물관

등에서 고려 후기의 양식을 충실하게 계승하고 있으나. 변상도는 고려 말에 비해 직선적인 선묘 위주로 필선이 매우 경직되는 등 도식화된 양상을 보인다.[71](도 53) 특히, 불교중앙박물관에 기탁되어 있는 『불조삼장합부佛祖三藏合部』는 도식화된 사경의 전형을 보여준다.(도 54) 이후에는 금·은자경은 찾아보기 어렵고, 판경이 그 역할을 대신하였다. 특히 조선의 억불숭유정책과 그에 따른 피해뿐만 아니라 목판인쇄 및 금속활자의 보급 등 인쇄술의 발전으로, 조선시대 사경은 크게 위축되어 사경의 전통은 단절되다시피 하였다.[72] 더욱이 임진왜란과 병자호란 같은 전란은 사경사업에 치명적인 영향을 주었다. 조선 중기의 사경이 극히 드문 이유도 이와 무관하지 않을 것이다.[73] 또한 이 시기의 서체

71 文明大·朴桃花, 「廣德寺 妙法蓮華經 寫經變相圖의 硏究」, 『佛敎美術硏究』1(東國大學校 佛敎美術文化財硏究所, 1994), 7~44쪽.

72 장충식, 「朝鮮時代 寫經考」, 『미술사학연구』204(1994. 12), 71~99쪽.

73 안휘준, 「제5회 한국사경연구회 회원전에 부쳐」, 『초조대장경 사성 1000년 부처님오신날 기

도 54 『불조삼장합부』 1457년 | 흑석사 소장, 자료제공: 국립중앙박물관

는 고려 말의 서풍을 계승하다 세종연간(1419~1450)이 되면 안평대군 이용李瑢(1418~1453)을 비롯한 서예가들은 조맹부 등의 원대 복고주의 서풍을 적극 확산시키기 시작하였다.[74] 그러나 사경에서는 기존의 서풍 전통을 이어가는 보수적인 경향을 보인다.

⑧ 근대기

1877년 일본의 각 불교 종파들은 각처에 포교소나 사찰을 건립하고 한국 승려들을 포섭 또는 개종시키기 위해 노력하였다. 1895년의 이 조치는 한국 승려뿐만 아니라 지식인 일부에서조차 일본불교에 대한 호감을 느끼는 풍조를 야기하였으며, 적지 않은 수가 일본 불교의

념 제5회 한국사경연구회원전』(한국사경연구회, 2010), 5쪽.

74 李完雨, 「조선시대 松雪體의 토착화」, 『書藝學』2(韓國書藝學會, 2001), 249~271쪽; 同著, 「安平大君 李瑢의 文藝活動과 書藝」, 『美術史學研究』246·247(韓國美術史學會, 2005), 73~115쪽.

각 종파에 예속을 자청하기도 하였다.[75] 1910년 일제강점 이후 조선총독부는 더욱 체계적으로 불교계를 장악하였다. 조선총독부는 1911년 6월에 7개 조항의 사찰령寺刹令을, 7월에 8개 조항의 시행규칙을 공표하였다. 사찰령의 시행으로 불교계는 30본산本山 체제로 전환되었다. 본산 체제는 전국의 사찰을 30개의 본사와, 본사가 관할하는 말사로 재편한 것이다.[76] 총독부는 본사 주지의 임면 인가권을 가졌고, 사찰의 토지와 재산을 매각할 때 허가를 받게 함으로써 인사권과 재정권을 장악하였다. 모든 본산이 획일적인 성격으로 제도적 틀을 갖추게 되었으며, 주지에게 경제적 실권과 인사 관련 권한을 부여하여 주지 전횡의 제도적 근거를 만들었다.[77] 즉, 한국 전통 사찰의 주체성과 정체성을 모두 바꾼 것이다.

이렇듯 임진왜란과 병자호란, 일제강점기 등 외세의 침입을 겪은 격변기에 사경을 할 수 있는 여건은 조성되지 못했으며, 전통 사경은 오랫동안 단절되었다. 또한 이런 혼란기에 상당량의 사경이 일본이나 미국 등 국외國外로 반출된 것으로 추정된다.[78]

---

75 한국사특강편찬위원회, 앞의 책,(서울대학교출판부, 2006), 372~376쪽.

76 사찰령에 따른 30본사 현황은 1924년 전남구례 화엄사가 추가되어 31본사가 되었다. 정병삼,『한국사통론』(삼영사, 2005), 621쪽.

77 정병삼,『한국불교사』(푸른역사, 2020), 619~624쪽.

78 김종민,「조선시대 사경연구」(대구카톨릭대학교 박사과정학위논문, 2007), 201~202쪽.

佛華嚴經普賢
圓滿次以福國三世師親
金銀或施餘財執勞運力見聞隨喜九
者共增福慧當成佛果惟願弟子始
生世世在在處處或以

II

사경 제작 재료와 도구

사경 제작 재료와 도구

1. 제작 재료

사경을 하기 위해서는 기본적으로 바탕 재료인 종이와 금가루·및 은가루 등 재료의 적정한 점도를 유지하기 위한 아교, 등 준비해야 할 재료가 많다.

1) 사경지

경문을 베껴 쓰는 바탕 재료는 앞 장에서 살펴보았듯이 종이를 비롯한 금석, 다양한 재료가 있다. 이 가운데 종이는 쉽게 구할 수 있고, 사용의 편리성으로 인해 오래전부터 애용되었던 재료이다.

종이를 얻기 위해서는 "닥나무 뿌리에 향수를 뿌려 자라게 하고, 닥나무가 다 자란 연후에는 닥나무 껍질을 벗기는 사람, 종이를 만드는 사람…. "라고 기록하고 있다.[79] 즉, 사경지를 만들기 위해 닥나무를 심

79 754~755년에 조성된 삼성문화재단 소장『대방광불화엄경』발원문.

을 때부터 뿌리에 향수를 뿌리는 정성을 들였다. 또한 닥나무를 수확하여 껍질을 벗기는 사람, 종이를 만드는 사람 등 각 분야에서 숙련된 전문가들이 참여하였다. 따라서 부처님의 말씀을 옮겨 적기 위한 양질의 종이를 얻기 위해 많은 정성과 노력을 기울였다.[80]

상 감지 | 하 색지

사경지는 표면이 균질하게 처리된 백지, 감색지, 갈색지, 황색지 등 매우 다양하다. 현재 전해지고 있는 사경 가운데 바탕 재료는 종이로 제작한 사경이 압도적으로 많다. 종이는 백지에 먹이나 금으로 사경을 한 예가 많으며, 감색지紺色紙와 갈색지橡紙, 자색지紫色紙 등에 금이나 은으로 사경을 한 예가 그 뒤를 잇는다.

2) 안료

안료는 유기안료有機顏料와 무기안료無機顏料로 나뉘는데, 유기안료는 동식물에서 채취한 유기물로 만들어 재료화한 것이다. 반면 무기안료는 금과 은을 비롯해 주사朱砂, 석청石淸, 석록石綠 등 광석이나 백토白

80 박지선, 앞의 논문(서지학회, 2013), 502~503쪽.

안료

土, 황토黃土 등 토양광물을 가공하여 만들거나 금속을 화학적으로 처리하여 만든 것이다.[81]

사경은 표지화, 변상도, 경문, 발원문 등으로 구성되는데, 경문과 발원문은 글씨이고, 표지화와 변상도는 그림이다. 그러나 표지화나 변상도 역시 면으로 그림을 표현하지 않고 가는 선細線들로 대상을 묘사한 선묘화線描畫이다. 여기에 사용된 안료는 먹, 금가루, 은가루를 주로 사용하였다. 다만, 14세기 초~중엽에 이르는 시기의 변상도에서는 등장인물들의 얼굴과 가슴을 금으로 칠하거나, 이목구비耳目口鼻 및 머리를 묘사하기 위해 붉은색과 청색계열의 안료를 사용하기도 하였다.

(1) 먹

먹의 기원은 중국 은殷(B.C 16~11세기)대부터 주周(B.C 8세기~221년)대를 거쳐 발전을 거듭하였다. 현재와 같은 고형체로 된 먹은 기원전 2세기 중엽의 것으로 추정하는 송연먹松煙墨으로 한대漢代의 무덤에서 출토되었다. 25~220년 후한대後漢代에 오늘날과 같은 먹을 만들게 되었는데, 종이의 발명과도 밀접한 관련이 있다.[82] 고대에는 자연에서 석묵

81 정종미, 『한국화의 재료와 기법』(미진사, 2023), 23쪽,

82 엄태진, 김강재, 조정혜, 「전통기록재료, 먹(ink stick)의 이해」, 『한국펄프·종이공학회 학술발표논문집』10(한국펄프·종이공학회, 2009), 1~2쪽.

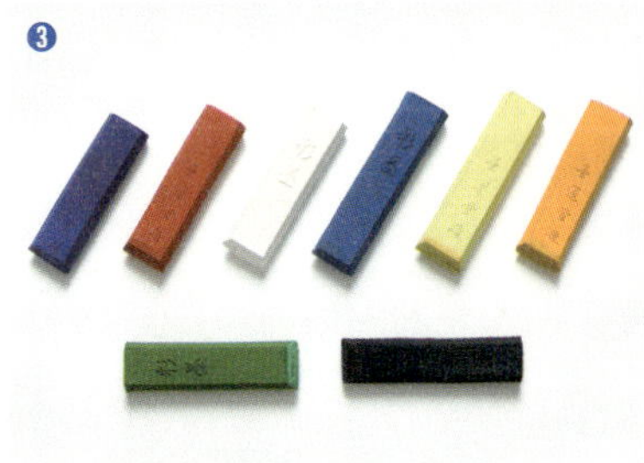

1 벼루
2 먹
3 색먹

을 채취하여 옻과 섞어서 만들었다고 한다. '묵墨'은 흑黑과 토土로 이루어졌는데, 이는 고대의 먹이 흙의 일종인 석묵石墨으로 만들어졌기 때문이다. 석묵은 송연묵松煙墨이 발견되기 전까지 갑골문과 죽간 등에 기록을 위한 도구로 사용되었다.

현재 사용되는 먹의 종류는 크게 고형묵固形墨과 액상묵液狀墨, 그리고 색묵色墨이 있다. 고형묵으로는 그을음의 원료를 기준으로 보면, 소나무를 태워 만든 송연묵松煙墨, 기름을 태워 만든 유연묵油煙墨, 옻을 태워 만든 칠연묵漆煙墨 등이 있다. 반면, 그을음이 아닌 안료를 사용해서 만든 먹을 색묵 혹은 안색묵顔色墨이라 한다. 석채인 주사朱砂와 아교阿膠를 섞어 만든 먹이 주묵朱墨이고, 석록石綠과 아교로 만든 먹이 석록먹石綠墨이다. 상묵液狀墨은 아교와 송연 혹은 카본 블랙이 주성분인데 방부제와 보수제를 넣어 굳지 않게 처리한 것이다.[83] 현재 우리나라에 전하는 사경은 대체로 송연묵松煙墨을 사용했던 것으로 추정된다.

(2) 금가루·은가루

사경에서 크게 애용했던 재료는 먹과 함께 금가루와 은가루를 꼽을 수 있다. 금가루와 은가루는 입자가 고와 아교와 섞어 경문을 쓰거나 표지화 및 변상도를 그렸다. 이 재료는 불교가 융성했던 통일신라부터 불교미술이 크게 꽃피웠던 고려시대는 물론 유교儒教를 통치 이념으로 표방했던 조선시대에 이르기까지 꾸준하게 사용했던 재료 가운데 하나이다. 특히 공덕을 쌓기 위해 불교 경전을 베껴 쓰는 사경은 삼보三寶

금가루 및 은가루

83 정종미, 앞의 책(미진사, 2023), 202~225쪽

가운데 법보法寶로서 금가루나 은가루 등 당시의 최고급 재료를 사용하였다. 특히 쪽물로 물들인 종이나 상수리나무 열매로 물들인 종이, 지치 뿌리로 물들인 자색 종이와 금과 은이 잘 어울려 현재 남아 있는 사경 대부분은 염색지에 금이나 은으로 쓰거나 그렸다.

그러나 '금金'사용에 대한 각 사회의 정서는 호의적이지 않았다. 특히 고려시대는 개국초부터 10대 사찰을 창건하고, 관 주도로 사경을 하는 등 불교국가로서의 위상을 보여준다. 그러나 최승로崔承老(927~989)는 성종(재위기간 : 981~997)에게 올린 〈시무 28조〉에서 금 사용을 금해 줄 것을 요청하였다.

> "사경寫經·불상塑像은 단지 오래도록 전하고자 하는 것인데, 어찌해서 진귀한 보배로 장식하여, 도적들의 마음을 끌게 합니까? 옛날에는 불경은 모두 누런 종이였고, 전단목旃檀木으로 축을 만들었으며, 그 초상肖像은 금·은·동·철을 쓰지 않았고, 다만 돌·흙·나무를 사용하였습니다. 그러므로 훔치거나 훼손시키는 사람이 없었습니다. 신라 말기 불경과 불상은 모두 금·은을 사용하여 사치가 도를 넘었고, 마침내 멸망에 이르렀습니다. 가령 상인들은 불상을 훔치거나 훼손하고 도리어 매매에 힘써 생업으로 삼았는데, 요사이에도 그 관습이 아직 사라지지 않고 있습니다. 바라옵건대 이런 일을 엄히 금지시켜 그 폐단을 혁파하십시오."[84]

라고 상서를 올려 불교 행사와 불교계의 사치를 비판하기도 하였다. 그럼에도 불구하고 현재 남아 있는 불화를 비롯한 사경, 불상 등에는 금

84 『高麗史』 권93, 列傳 권제6 諸臣, 寫經·塑像, 只要傳久, 何用珍寶爲飾, 以啓盜賊之心? 古者, 經皆黃紙, 且以旃檀木爲軸, 其肖像, 不用金·銀·銅·鐵, 但用石·土·木. 故無竊毁者. 新羅之季, 經像皆用金銀, 奢侈過度, 終底滅亡. 使商賈, 竊毁佛像, 轉相賣買, 以營生産, 近代, 餘風未殄. 願加嚴禁, 以革其弊.

金을 사용해 화려하고, 귀족취향의 높은 수준의 불교미술을 남겼다.

(3) 아교

아교는 동물의 가죽이나 뼈에서 추출한 동물성 단백질로 주성분은 콜라겐collagen이다. 아교의 종류로는 동물교(소·물소·토끼·사슴 등)과 어교(철갑상어와 민어의 부레 등)이 있다.[85] 이것을 물에 넣고 끓여 젤라틴으로 용해하여 사용한다.[86]

아교는 사경할 때 꼭 필요한 재료이다. 가루로 된 안료인 금가루나 은가루는 사경을하기 위해 아교와 섞어서 사용해야 한다. 또한 한지를 가공하여 만든 사경지는 흡수성이 강한 바탕 재료이다. 따라서 사경을 할 때 적절한 흡수성을 확보하기 위해 아교포수를 한다. 사경지 위에 아교포수를 하면 종이 위에 막이 형성되어 안료가 바탕재료에 적절하

아교와 녹교

85 야마우치 아키라, 「아교에 관한 고찰-문화재 보존수복으로부터의 접근」, 『불교미술사학』제5집(불교미술사학회, 2007), 633쪽.

86 강영훈, 「먹의 재료학적 특성에 관한 연구-분석과 현황을 중심으로-」(고려대학교대학원석사학위논문, 2018), 5~7쪽.

게 스며들어 안료의 박락을 방지하는 효과가 있다.

(4) 명반

명반은 백반이라고도 한다. 섬유와 염료 사이의 결합을 도와주므로 염색 매염제媒染製로 사용된다. 아교와 명반을 함께 물에 넣어 아교수를 만드는데, 사경을 하기 전에 바탕 재료인 사경지에 포수를 하면 번짐현상을 막고, 안료가 묻어나오지 않으며, 금색이나 은색이 영롱하게 빛나게 해준다.

2. 사경제작 도구

1) 붓

경문을 베껴 쓰는 대표적인 도구로 붓을 들 수 있다. 붓의 기원은 진나라 장수 몽염蒙恬(?~B.C, 209)대 부터 그 존재가 알려져 있다. 나무 붓대에 사슴털과 양털로 만들었다고 전하나, 그 이전부터 여러 문자가 있었고, 문자의 새김, 필사, 주조가 존재하고 있었음이 밝혀져 붓의 역사는 더 오래 되었을 것으로 추정된다.

도 55 붓 기원전 1세기, 국립중앙박물관 소장, 자료제공: 국립중앙박물관

우리나라에서 가장 오랜된 붓은 경남 창원 다호리에서 출토된 붓으로 기원전 1세기를 전후한 시기이다. 출토된 붓 자루는 나무를 깎아서 먹칠墨漆을 하였고, 붓 축

이 양쪽으로 설계되어 있다.[87](도 55) 고려시대에는 황모필黃毛筆이 유행하였고, 조선시대에는 서울의 경공장京工匠에 속한 필장인筆匠人들이 전국 각지에서 보내온 족제비, 노루 등의 털로 붓을 매어 나라의 수요에 충당하였고, 필방에도 공급하기도 하였다.[88]

붓의 종류는 붓의 모양이나 털의 굵기, 길이에 따라 혹은 강도에 따라 명칭과 특징이 각기 다르다. 붓털의 길이에 따라서는 장봉필, 중봉필, 대봉필로 나뉜다. 붓의 털은 이리털, 토끼털, 쥐털, 호랑이털, 노루털, 사슴털, 돼지털, 삼괭이털, 양털 등을 사용한다.[89]

사경을 하기 위한 붓은 사경지에 포수하는 붓, 경서사를 하는 붓, 변상도를 그리는 붓 등 용도별 붓을 세분해서 사용한다. 경서사經書寫에 적합한 붓은 붓의 털끝이 가지런하여야 하고, 특히 금·은니의 경우, 따뜻한 아교수阿膠水와 섞어 사용하기 때문에 휘지 않고 곧게 뻗은 붓

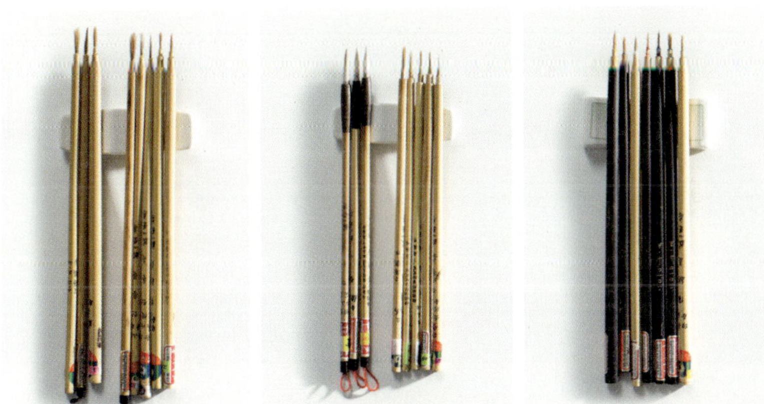

붓

87 이건무, 「다호리유적 붓(筆)에 대하여」, 『고고학지』4(한국고고미술연구소, 1992), 7쪽.

88 정종미, 앞의 책(미진사, 2023), 266~268쪽.

89 김정희, 『국가무형문화재 불화장보유자 임석환』(국립무형유산원, 2023), 70~71쪽.

상 아교 포수
하 칼을 사용하여 종이 재단

이 사용에 편리하다.

2) 자

자는 '척尺'이라고 한다. 자의 용도는 길이, 너비, 폭, 깊이, 두께, 각도 등을 그리고 측정하는데 사용하는 도구이다. 사경에서 자는 바탕 재료인 사경지를 정확하게 자르고, 사경을 하기 위해 천지선天地線과 계선界線, 정간井間 등 안정된 선을 그을 때 사용한다. 사경은 매우 세밀한 작업이기 때문에 주로 플라스틱이나 금속자로 정확한 눈금을 재기 위해 사용한다.

3) 철핀

철핀은 사경지에 천지선이나 계선, 정간을 긋기 전에 위치를 표시해 두는 도구이다.[90]

철핀

90 '김경호 사경장'이 직접 개발한 것이다.

4) 칼

칼은 바탕재료인 종이를 재단하는데 사용하는 칼과 종이를 접을 때 표시하는 대칼 등이 있다.

5) 유리봉

유리봉은 사경지에 천지선이나 계선을 그을 때 붓이 흐트러지지 않고 일정하게 유지할 수 있도록 붓을 지탱해 주는 역할을 한다.

선긋기 붓과 유리봉

6) 채기彩器

채기는 안료를 담는 그릇으로, 사기 그릇이나 플라스틱 그릇을 사용한다.

7) 수비용기水飛容器

수비용기는 안료의 수비에 사용하는 그릇이다. 사경에 사용하는 안료인 금가루와 은가루는 사용하기 전 수비 과정을 거쳐 불순물을 제거하고 사용해야 영롱한 금·은빛을 얻을 수 있다. 수비 시에는 안료를 아교수에 넣고 휘저어 주면 불순물은 위로 뜨고, 사경의 주재료인 금은가루는 용기의 바닥으로 가라앉게 된다. 이때 부유물浮游物과 불순물不純物을 버리고, 순금만 남을 때까지 여러 번 반복 한다.

8) 저울

저울은 무게를 측정하는 도구이다. 아교수를 만들 때 정확한 비율을 맞추기 위해 아교의 무게를 측정한다.

9) 연마도구

연마도구는 흔히 옥으로 만든다. 이 옥으로 사경이 끝나면 보다 영롱하고 찬란한 금빛이 발색 될 수 있도록 금·은니의 표면을 가볍고 부드럽게 연마한다.

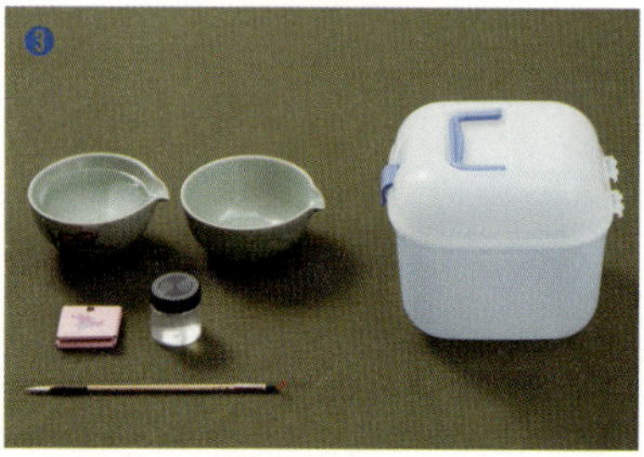

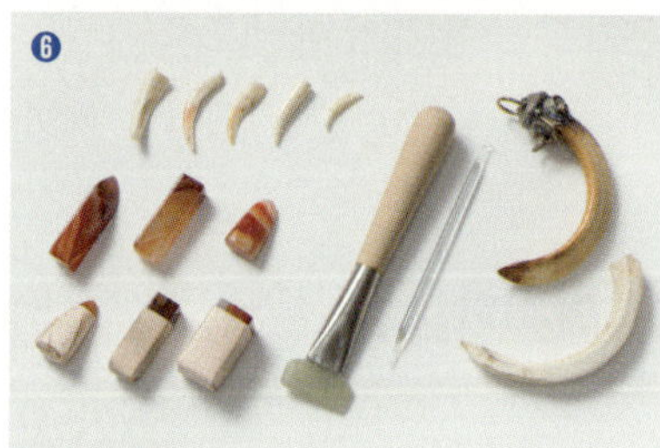

1 완성된 금니

2 완성된 은니

3 금니를 만들기 위한 수비용기

4 금니를 만들기 위한 수비용기

5 녹교의 무게를 측정하는 저울

6 연마하기 도구

III

사경의 제작 과정

사경의 제작 과정

사경의 제작은 부처님의 교법을 옮겨 적는 신성한 신앙 행위이므로 흐트러짐 없는 엄격한 절차와 의식이 따랐다. 사경의 제작은 개인의 수행 자세를 바로잡고 부처님의 실재를 경험하고 신앙인으로서 자신을 확인할 수 있는 계기가 되기도 하였다. 사경의 제작 과정 및 의식에 대해서는 754~755년에 조성된 삼성문화재단 소장『대방광불화엄경』의 발원문發願文에 자세하게 기록되어 있다. 그 내용을 살펴보면,

"754년 경덕왕13년 8월 1일에 처음 시작해서 그 다음해 755년 2월 14일에 화엄경 한 부를 다 이루었다. 발원한 사람은 황룡사의 연기법사로, 첫째로 부모님께 은혜를 갚고, 둘째로 법계의 모든 중생들이 불도佛道를 이루게 하고자 한다.

경을 만드는 법은 닥나무 뿌리에 향공양香供養을 하고, 후에 닥껍질을 벗겨 내고, 벗긴 껍질을 연마해서 종이를 만들어 말쑥한 바탕이 되게 한다. 경을 쓰는 필사筆師나 경심經心을 만드는 장인, 그리고 불보살상을 그리는 사람들로 하여금 보살계菩薩戒를 받게 하고 재식(재식)하게 한다. 이 모든 사람이 만약 대변이나 소변을 보거나 잠을 자거나 먹고 마시거나 한다면 향수香水를

써서 목욕하게 한 후에 만들게 한다.

만드는 곳에 나아가 경을 쓸 때는 깨끗하게 하고 신정의新淨衣와 군수의 褌水衣, 그리고 가의관假衣冠과 천관天冠 등으로 장엄하게 하여, 두 청의동자靑衣童子로 관정침봉灌頂針棒하게 하며 또한 청의동자와 4명의 기악伎樂하는 사람들로 하여금 기악하게 하여 또한 한사람을 향수를 가는 길에 뿌리게 하고 또 한 사람을 꽃을 가는 길에 뿌리게 하며, 또한 한 법사는 향로를 받들어 인도하겨 또 한 법사는 범패를 부르면서 인도하며, 모든 필사들은 각기 향과 꽃을 받들어 염불하면서 길을 가서 경 만드는 곳에 이르면 삼귀의三歸依 즉 귀의불歸依佛·법法·승僧하고 세 번 큰 절을 하고 불보살에게 화엄경 등을 공양한다. 이후에 자리에 앉아 경을 쓰고 경심經心을 만들며 불보살을 그린다. 이때 청의동자와 기악인들이 위와 같이 더러운 것을 없애고, 깨끗하게 하여 경심 안에 한 알의 사리를 넣는다.

내 이제 서원하오니, 미래가 다하도록 이루어진 경전이 파괴되지 말지며 설사 세 가지 재액으로 대천大千세계 무너지더라도 이 경은 허공과 같이 깨뜨려지지 말 것이며 만약 모든 중생이 이 경에 의지한다면 부처님 뵙고, 법을 듣고, 사리를 받들어 보리심을 내어 후퇴하지 않고 보현의 행원을 닦아 속히 성불하리라.

종이를 만드는 사람은 1명으로 구질진혜현仇叱珎兮縣의 황진지나마黃珎知奈麻, 경을 쓴 사람은 총 11명으로 출신 지역별로 살펴보면, 무진이주武珎伊州 사람은 아천나마阿干奈麻, 이순한사異純韓舍, 금이대사今已大舍, 의칠대사義七大舍, 효적사미孝赤沙彌 등 5명이고, 남원경南原京 사람은 문영사미文英沙彌, 절효대사節曉大舍 등 2명, 고사부리군高沙夫里郡 출신은 양순내마陽純奈麻, 인연대사仁年大舍, 시조대사屎鳥大舍, 인절대사仁節大舍 등 4명이다. 경심을 만드는 사람은 대경大京 출신으로 능길내마能吉奈麻, 울고내亐古奈 등 2명이다. 마지막으로 경의 제목을 쓴 사람은 동경同京의 동지대사同智大舍인 육

두품으로 아버지는 길득아찬吉得阿飡이다."[91]

라고 적었다. 즉, 사경 제작과정을 요약하면, 첫째, 사경 제작의 기본재료인 종이는 뿌리에 향수를 뿌려서 키운 닥나무 껍질을 벗겨 만들었다. 둘째, 준비 단계로 글씨를 쓰거나 그림을 그리는 사람은 먼저 보살계를 받고 재를 올리는 의식을 해야 하며, 대소변을 보거나 자고 일어난 후, 식사 후에는 반드시 향수로 목욕을 해야 했다. 또한 그들이 머무는 장소는 항상 청결하며, 꽃과 향수 등이 뿌려지고, 기악伎樂과 범패梵唄가 연주되는 가우네 경전을 만드는 곳으로 가야 했다. 셋째, 먼저 삼귀의三歸依를 부르고 불보살에게 세 번 절하며 화엄경에 공양하였다. 그 다음 경을 쓰고, 경심을 만들고, 끝으로 변상도를 그리는데 이 때에도 기악이 연주되고, 청결이 강조되었다. 경전이 완성되면 경심經心 안에 한 알의 사리舍利를 넣는 것을 끝으로 모든 과정이 끝이 난다.

---

91 (1행)天寶十三載甲年八月一日初乙未載二月十四日一部周了成內之成內願旨者黃龍寺緣起法師爲內賜第一恩賜父母爲內
(2행)弥第二法界一切衆生皆成佛道欲爲以成賜乎經成內法者楮根中香水散尒生長令內弥然後中若楮
(3행)皮脫那脫皮練那紙伯士那經寫筆師那經心匠那佛菩薩像筆寫走使人那菩薩戒授令弥齋食弥
(4행)右諸人等差若大小便爲哉若師宿哉差食喫哉爲者香水用尒沐浴令只但作作處中進在之經僞
(5행)時中並淳淨爲內新淨衣褌水衣僻衣冠天冠等壯嚴令只者二青衣童子灌頂針捧弥又
(6행)青衣童子着四伎藥人等爲並伎弥藥爲弥又一人香水行道中散弥又一人花棒行中道散弥又一
(7행)法師香爐棒引弥又一法師梵唄唱引弥諸筆師等各香花棒弥右念行道爲作處中至者三歸依尒
(8행)三反頂禮爲內佛菩薩花嚴等供養爲內以後中坐中昇經寫在如經心作弥佛菩薩像作時中青衣
(9행)童子伎樂人等除余淳淨法者上同之經心內中一收舍利尒入內如
(10행)我今誓願盡未來所成經典不爛壞假使三灾破大千此經與空不散破若有衆生於此經見佛聞經敬舍利
(11행)發菩提心不退轉脩普賢因速成佛(成檀越新羅國京師順口紙作人仇叱弥縣黃珍知奈麻經筆師武珍伊州阿干奈麻異純韓舍令
(12행)毛大舍義七大舍孝赤沙弥南原京文英沙弥卽曉大舍高沙夫里郡陽純奈麻仁年大舍屎烏大舍仁節大舍
(13행)經心匠大京能吉奈麻兮古奈(麻)佛菩薩像筆師同京義本韓奈麻丁得奈麻光得舍知豆烏舍經題
(14행)筆師同京同智大舍六頭品父吉得阿飡.
문명대, 앞의 글(一志社, 1979), 31~34쪽; 장충식, 『한국사경 연구』(동국대학교출판부, 2007), 34~37쪽.

그렇다면 이렇게 복잡하고 까다로운 절차와 의식을 거치면서 진행되는 사경을 왜 하는 걸까? 불교 경전을 서사書寫하거나 받아 지니고 독송하는 공덕功德을『불교경전』에서 설하고 있어 사경은 삼국시대부터 조선시대에 이르기까지 유행하였다.『금강경』제15「지경공덕분持經功德分」에는 7가지 보배로서 갠지스강의 모래 수만큼 많은 칠보탑을 쌓는다 하더라도 사구게四句偈를 쓰고, 지니고, 독송하고, 남을 위해 설하는 공덕에는 훨씬 미치지 못한다고 하였다. 즉 온갖 장엄을 하더라도 경전을 베껴 쓰고, 지니고, 독송하고 남을 위해 설하는 것이 최고의 공덕이라는 것이다. 또한『법화경』권제4「법사품法師品」에도

> "어떤 사람이『법화경』의 한 구절이라도 받아 지니고 읽고 외우고 해석하고 베껴 쓰거나, 이 경전을 공경하기를 부처님과 같이 하며 갖가지 꽃, 향, 영락, 자루 향, 바르는 향, 사르는 향, 당기, 번기, 의복, 풍악으로 공양하거나 합장하고 공경한다면 약왕이여 이 사람들은 이미 십만 억 부처님께 공양하였고 또 여러 부처님 계신 곳에서 큰 서원을 성취하고 중생을 어여삐 여겨 이 인간 세계에 난 줄을 알아야 하느니라."[92]

고 했다. 즉 사경을 하는 공덕功德은 십만 억 부처님께 공양한 것과 같은 공덕이 있음을 설하고 있다. 또한 이러한 사람은 큰 서원 곧 불도를 성취하고 중생을 위하여 일부러 이 세상에 온 것이라고 하여 적극적으로 신앙적인 실천을 전하는 내용이다. 그리고『법화경』권제7「보현보살권발품」에는『법화경』을 서사하면 도리천에 태어날 수 있다고

92 若復有人, 受持、讀誦、解說、書寫妙法華經, 乃至一偈, 於此經卷敬視如佛, 種種供養華、香、瓔珞、末香、塗香、燒香、繒蓋、幢幡、衣服、伎樂, 乃至合掌恭敬。藥王! 當知是諸人等, 已曾供養十萬億佛, 於諸佛所成就大願, 愍衆生故, 生此人間。

도 56 | 도 57 『묘법연화경』권제2 조선 | 흑석사 소장, 자료제공: 국립중앙박물관
도 58 | 도 59 『묘법연화경』권제2 부분

설하였다. 이처럼 경서사經書寫가 큰 공덕임을 설하고 있다.[93]

이렇게 큰 공덕이 쌓이는 사경은『법화경』에서 제시한 것처럼 기왕에 완성된 저본底本을 베껴 쓰는 것이다. 그 예가 영주 흑석사 대웅전에 봉안된 〈목조아미타불상木彫阿彌陀佛像〉의 복장품으로 발견된『묘법연화경』이 있다. 검푸른 감색 종이에 표지화와 경문, 그리고 변상도를 그릴 수 있는 테두리는 완성하였으나, 변상도는 그리지 못하고 변상도의 저본을 사경과 함께 봉안하였다.(도 56) 즉, 사경을 하기 위해 저본을 준비하였으나, 변상도를 그리지 못한 것이다.[94](도 57) 저본의 변상도 천두

93 박상국, 앞의 책(대원사, 1990), 18~19쪽.

94 이 불상에서 함께 발견된 기록들에 의해 1458년(세조 4년)에 법천사 삼존불 가운데 본존불로 조성되었음이 밝혀 졌다.

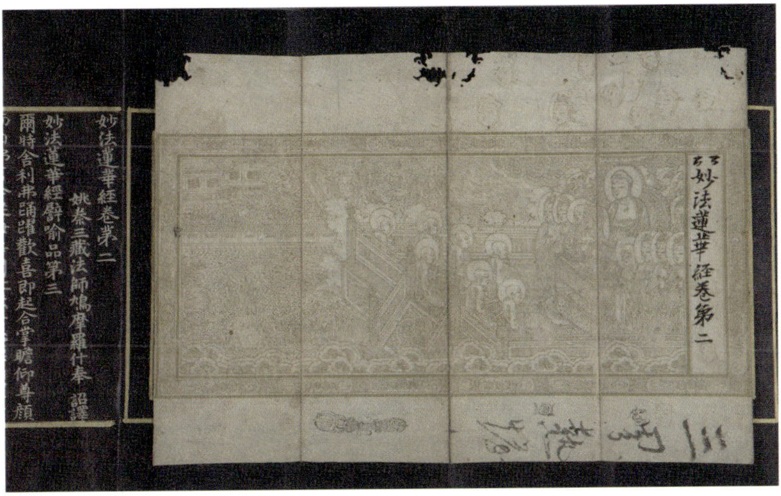

도 60 『묘법연화경』권제2 미완성본의 모습

선 위에는 금니로 불·보살들의 얼굴을(도 58), 지각선 아래에는 불·보살들의 얼굴과 금강저, 법륜 등을 먹으로 연습한 흔적이 선명하게 남아 있다.(도 59) 따라서 변상도를 그리려고 시도는 했으나 그리지 못했다.(도 60) 결국은 변상도를 전문적으로 그리는 화승을 구하지 못해 미완성인 상태로 저본과 함께 봉안한 것이다. 따라서 754~755년에 조성된 삼성문화재단 소장 〈대방광불화엄경〉 발원문에 소개된 것처럼 경문을 쓰는 사람, 경의 제목을 쓰는 사람, 등 여러 분야의 전문가들이 없다면 사경을 결코 쉽지 않은 작업인 것이다.

이번 사경장寫經匠 기록화사업에 임하는 "사경장 김경호"는 국내에서 최초로 지정된 "사경장" 보유자로 몸과 마음의 청정함과 불제자로서 마음가짐을 다지기 위해 구례 화엄사 경내의 화엄석경華嚴石經으로 장엄했던 각황전覺皇殿을 찾아 예불하였다. 그리고 이 기록 영상이 사경에 정진하고 있는 이수자履修者를 비롯한 문하생門下生들과 입문자入門者들의 교재敎材로 활용될 수 있도록 자세하게 기록하고자 하였다.

2024년 국가무형유산 사경장 영상기록물에서 제작할 사경의 저본은 서체는 『초조대장경初造大藏經』과 『재조대장경再造大藏經』의 글씨를, 변상도는 1334년에 조성된 호림박물관 소장품과 1350년에 조성된 국립중앙박물관 소장 『대방광불화엄경입불사의해탈경계보현행원품大方廣佛華嚴經入佛思議解脫境界普賢行願品』을 참고하여 "사경장 김경호"의 장점이 충분히 발휘될 수 있도록 새로운 도상으로 구성하였다. 『화엄경』 「입불사의해탈경계보현행원품」에는 보현보살의 본원本願이자 모든 구도자들이 이루기 위해 실천해야 하는 10대원을 설한다.[95]

[표 4] 사경하기

순번	제작과정	세부과정	비고
1. 재료 준비	아교수 만들기	아교수 적정 농도를 위한 측정	저울을 이용하여 녹교의 양 확인
		물에 녹교를 희석	녹교과 소량의 명반을 함께 넣고 휘저어 용해시킴
		불순물 제거	용해된 아교수를 거름종이로 걸러 불순물 제거
			용기에 담아 냉장 보관
	사경지 만들기	계획한 크기로 자르기	높이 34cm, 길이 120cm 24매
		포수하기	아교수를 물에 희석하여 3차례로 나누어 포수
		배접하기	포수지 2장 사이에 순지를 넣어 배접
		절첩본으로 접기	접힌 부분이 유지될 수 있도록 접기

95 보현보살 10대원은 보현보살의 본원이자 모든 구도자들이 이룩하기 위해 실천해야 하는 것으로 우리나라에서는 널리 신봉되었다. 보현보살 10대원은 ① 모든 부처님께 예배·공양하고(禮敬諸佛), ② 모든 부처님을 우러러 찬탄하고(稱讚如來), ③ 모든 부처님을 널리 공양하며(廣修供養), ④ 스스로의 업장을 참회하고(懺悔業障), ⑤ 남의 공덕을 따라서 기뻐하고(隨喜功德), ⑥ 부처님이 설법해 주기를 청하고(請轉法輪), ⑦ 부처님이 이 세상에 오래 머물기를 청하고(請佛住世), ⑧ 항상 부처님을 따라 배우고(常隨佛學), ⑨ 항상 중생들에게 순응하며(恒順衆生), ⑩ 두루 모든 것을 가지고 회향하는 것(普皆廻向)

1. 재료 준비	안료 만들기	금·은니 만들기	아교수에 금가루를 넣고 잘 섞일 수 있도록 저어 줌
			아교수와 금가루가 섞인 곳에 물을 부어 금가루와 불순물이 분리 되도록 함
			결이 곱고 색이 진한 순금빛이 될 때 까지 불순물 제거
			정제된 금·은니는 아교수와 섞어 용기에 담아 보관
2. 저본 결정	저본 구성	사경의 구성	사경의 구성은 1334년에 조성된 호림박물관 소장 『대방광불화엄경입불사의 해탈경계보현행원품』의 구성으로 결정
		저본의 경문 및 서체 확인	저본의 대교작업
			저본으로 사용할 서체 결정
			행별로 잘라 낱장으로 만듬
3. 사경하기		정간하기	사경지에 정간하기
		선그리기	상·하의 천지선(天地線) 긋기
			세로로 계선(界線) 긋기
		경문쓰기	경제(經題) 및 번역자 쓰기
			장행 쓰기
			게송쓰기
			발원문 쓰기
		변상도 그리기	변상도 초 그리기
			변상도 테두기
			변상도 그리기
		표지 그리기	표지화 초 그리기
			표지화 테두리 그리기
			표지화 그리기
		사성기 쓰기	사성기 초 그리기
			위패형 장식 그리기
			사성기 쓰기

1. 재료 및 도구준비

1) 사경실 정리 및 온습도 유지

본격 사경작업을 시작하기에 앞서 가장 먼저 준비한 것은 사경실을 정리하는 것이다. 사경에 필요한 각종 재료와 도구를 꼼꼼하게 챙기고, 평상시 사경 작업을 하던 대로 손만 뻗으면 쉽게 찾아 사용할 수 있는 위치에 놓는다. 또한 사경 작업에 있어 무엇보다 중요한 것은 사경실의 온·습도를 유지하는 것이다. 금가루나 은가루를 아교수에 개어 사용하는 재료의 특성상 사경실의 온도는 ±35℃, 습도는 70% 내외가 적정하다. 즉, 사경실이 건조하면 금니를 머금고 있는 붓의 아교수가 빨리 건조되어 원활하게 글자의 획을 긋지 못하는 반면, 습도가 높으면 붓이 휘어져 사경을 하는데 어려움을 겪게 된다. 따라서 아교수와 섞여 있는 금니를 사경하기 적당한 점도를 유지하기 위해서는 일정

한 온·습도를 유지해야 한다.

2) 재료

(1) 아교수 만들기

바탕지에 포수를 비롯한 다양한 용도로 사용되는 아교수阿膠水를 만든다. 이번 사경 작업에는 동·식물성 아교 가운데 동물성인 녹교를 사용하였다. 용기에 녹교 2알, 약간의 명반明礬과 180cc의 물을 넣고 재료들이 충분히 섞이도록 저어준다. 50℃에서 약 5시간 정도 천천히 녹을 때까지 기다린다. 아교수를 만들 때 녹교와 물의 양을 계량計量하는 것은 아교의 농도가 진하면 세밀한 표현이 어렵고, 반면에 묽으

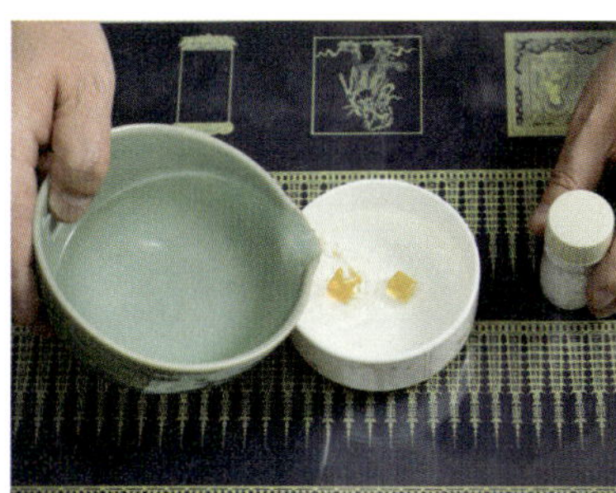

아교수 만들기

면 금·은니가 쉽게 박락剝落될 수 있기 때문이다. 이것은 "사경장 김경호"의 오랜 경험에서 얻은 결과이다. 녹교가 모두 용해된 아교수는 한지로 된 거름종에 걸러 불순물不純物을 제거해 준다. 완성된 아교수는 보관 용기에 담아 약 2~3주간 사용할 수 있도록 냉장 보관한다.

(2) 금 · 은니 만들기

금가루는 순금으로 만든 것으로 순도가 99%이상이다. 그러나 금가루 제조 과정에서 불순물이 생길 수 있다. 따라서 금니의 순도를 보다 높이고 선명한 금빛을 얻기 위해 금가루를 정제精製한다.

금니의 정제는 수비용기水飛用器에 기왕에 만들어 놓은 아교수와 금가루를 넣고 섞어준 후, 다시 순수한 물을 부어 금가루와 불순물이 분리될 수 있도록 충분히 저어준다. 금가루가 가라 앉을 때까지 기다렸다. 물 위에 떠 있는 불순물을 따라 낸다. 이러한 과정을 최소 3번 이상 해야 결이 곱고 색이 진한 순금니를 만들 수 있다. 정제가 끝나면 아교수와 섞어 용기에 넣어 냉장보관 한다. 은니도 이러한 과정을 거쳐 만든다. 이렇듯 사경은 재료 준비부터 기다림의 연속이다. 이것이 곧 수

금·은니 만들기

행인 것이다.

2. 사경지 만들기

1) 사경지 재단

사경의 바탕이 되는 종이는 754~755년에 조성된 삼성문화재단 소장『대방광불화엄경』의 발원문에서와 같이 닥나무 뿌리에 향수를 뿌리면서 키워 사경지를 만들어야 하나, 기록화사업의 여건상 기성지既成紙를 사용하였다. 종이는 이어 붙여야 하는 것을 고려하여 사경을 할

사경지 재단하기

수 있는 최적의 크기인 폭 34cm, 길이 120cm로 24매를 준비한다.[96] 사경지를 자를 때는 세밀한 작업이기 때문에 눈금이 표시된 플라스틱자와 칼을 함께 사용한다.

2) 아교포수阿膠泡水하기

바탕지 재단이 끝나면 준비된 아교수를 순수한 물에 묽게 희석한다. 아교수와 물이 충분히 섞일 수 있도록 여러 번 저어준다. 희석된 아교수를 바탕지 표면에 바른다. 아교수를 바를 때 사경지에 아교수가 충분히 스며들 수 있도록 넓은 붓으로 고르게 바른다. 아교포수 후 건

96 참고로 고려시대 권자본의 경우 길이가 약 ±810cm이다.

아교수 포수하기

조하여 다시 아교수를 바른다. 이러한 과정을 3차례 정도 반복한다. 사경지에 아교포수를 하는 것은 점액질이 막을 형성하여 사경지 표면이 균질해지고, 치밀해져 사경을 하는데 용이하다. 즉, 경문을 쓰거나 변상도를 그릴 때 금·은니와 아교가 상응해 접착력을 높일 수 있기 때문이다.

3) 배접하기

사경지는 적당한 두께감과 결리도를 높이기 위해 배접을 한다. 아교포수지 2장 사이에 순지 1장을 넣어 붙인다. 이러한 방식은 고려시

대에도 사용되었던 전통방식이다.[97]

4) 접지하기

배접이 끝나면 병풍 모양의 절첩본으로 사경지를 접는다. 사경지를 접을 때 경문을 6행으로 쓸 것을 고려하여 접지 폭을 결정한다.[98]

접지하기

97 이상현, 「고려말 사경의 감지(紺紙) 재현과 수리-이화여자대학교 소장 김지은니묘법연화경을 중심으로-」, 『헤리티지: 역사와 과학』(국립문화재연구원, 2021), 53~55쪽.

98 현재 남아 있는 고려시대 절첩본의 폭은 평균 ±11.0cm가 보편적이다.

3. 저본底本 만들기

1) 사경의 구성

이번 "사경장 김경호"의 기록화사업에서 사경의 서체는 『초조대장경初造大藏經』과 『재조대장경再造大藏經』의 글씨를 저본으로, 변상도와 표지화는 1334년에 조성된 호림박물관 『대방광불화엄경입불사의해탈경계보현행원품』과 1350년에 조성된 국립중앙박물관 소장 『대방광불화엄경입불사의해탈경계보현행원품』을 저본으로 삼았다. 이 사경은 표지화, 발원문, 변상도, 경문 등 사경의 구성요소를 모두 갖추었을 뿐만아니라 변상도와 서체 모두 당대當代를 대표할 만큼 수준 높은 사경이다.

2) 저본底本의 경문 및 대조 확인

판경으로 된 「보현행원품」은 5,800자로 판각되어 있다. 이를 "사경장 김경호"가 한 자 한 자를 직접 대조 비교하여 틀린 글자는 물론, 획이나 글자체의 변형까지 점검하여 사경을 할 저본底本을 만들었다. 확

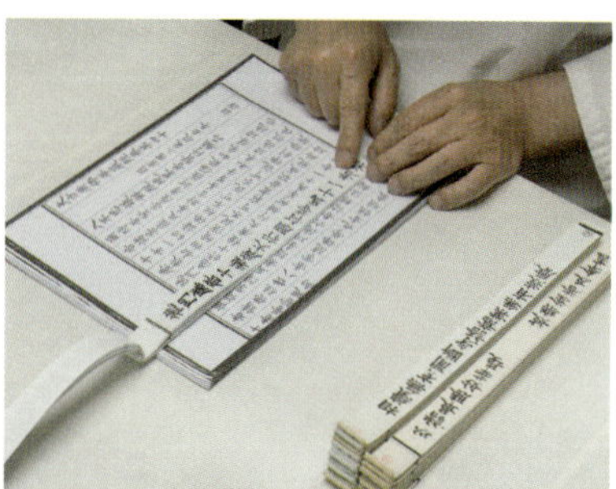

저본의 경문 및 대조 확인

인이 끝나면 행별로 잘라 낱장으로 만들어 사경을 할 때 글자의 모양이나 획의 운용 등을 참고하였다.

4. 사경하기

1) 정간하기

사경은 1㎠의 예술이라고도 한다. 즉 제한된 좁은 공간에서 서체에 변화를 주면서 경문을 쓰고, 변상도와 표지화를 그려야 하기 때문에 오랜 숙련이 필요한 분야이다. 이렇듯 정밀하고 정치한 사경을 하

정간하기

기 위해서는 균형과 조화가 이루어질 수 있도록 정확하게 칸을 나누어야 한다. 이것을 정간이라 한다. 정간이 끝나면 구획된 선에 맞추어 철핀을 이용하여 천두선天頭線, 지각선地脚線, 계선界線 등을 새김 한다. 철핀은 끝을 무디게 만든 송곳으로 "사경장 김경호"가 자체 제작한 도구이다. 이 도구를 사용하면 사경지를 훼손하지 않으면서 종이에 새김을 용이하게 한다.

2) 선긋기

따뜻하게 데운 금니를 덜어 농도가 묽은 아교수와 섞어 사경을 하기에 적합한 점도로 만든다. 먼저, 경문 테두리를 그린다. 천두선과 지각선은 단변이나 쌍변으로 긋는다. 쌍변일 때 바깥선은 굵게, 안쪽선

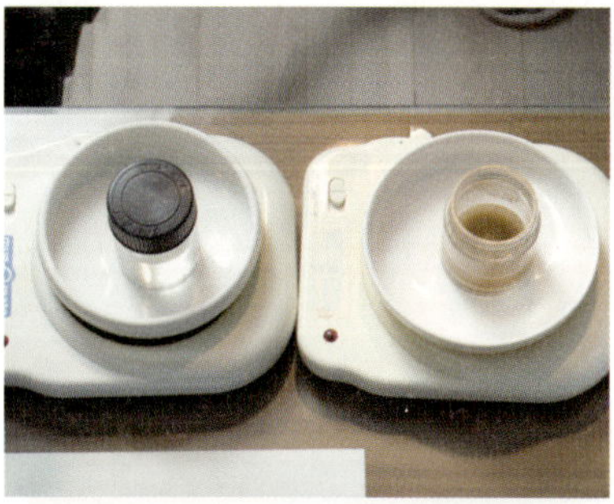

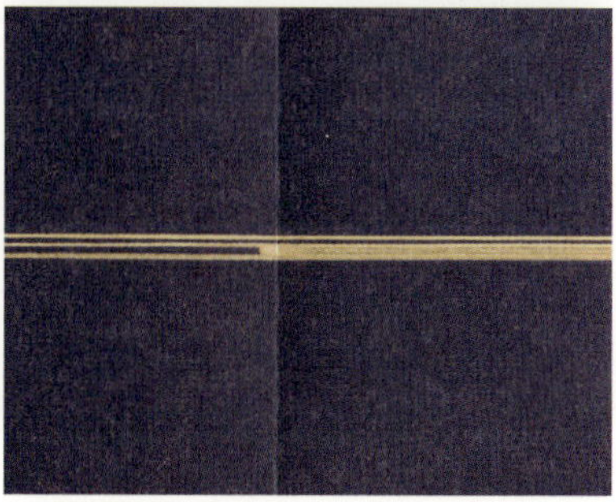

선긋기

은 가늘게 긋는다. 천두선이나 지각선의 쌍변은 다른 선에 비해 비교적 두껍게 긋는다. 두꺼운 선은 선의 시작점과 끝점의 금니 농도가 다를 수 있으므로 시작점과 끝점을 바꾸어 가면 2~3번정도 반복하여 선을 긋는다. 경문의 테두리 선이 완성되면 행을 나누는 계선을 긋는다. 계선은 천두선이나 지각선에 비해 얇다. 모든 선을 그을 때는 숨을 멈춘 듯 붓끝에 집중하여 균일한 각도와 힘을 유지하면서 선을 그어야 올곧고 굵기가 일정한 선이 된다. 이때 붓의 각도를 유지해 주는 유리봉을 붓과 함께 이용하면 도움이 된다.

3) 경문쓰기

경문은 경의 제목經題을, 번역자飜譯者, 경의 품, 경문을 순서대로 쓴다. 맨 앞에 쓴 경제는 글자 크기를 크게 썼으며, 역자는 비교적 작고 시작점도 경의 제목이나 품의 제목 보다는 아래에서 시작된다. 품은 경문과 같은 크기로 쓰는 것이 일반적이다.

경문은 장행藏行과 게송偈頌으로 구성되는데, 경의 내용은 절첩 1면에 6행 17자로 써 내려간다.[99] 경문을 써 내려 갈 때는 저본을 옆에 두고 사경을 한다.[100] 한 행에 17자를 쓰기 위해 1㎠로 구획하였지만, 위 아래 배치되는 글자의 형상에 따라 높낮이와 방향을 조절해 전체적으로 균형과 조화를 이루게 한다. 금니는 대략 4~5초면 건조되기 때문에 글씨 쓰기를 서두르거나 주저하지 말아야 한다. 또한 실내 온도 및 습도를 수시로 확인하여 건조하거나 습도가 높지 않도록 환경을 유지하는 것도 사경의 한 부분이라 할 수 있다.

부처님의 말씀인 경문 뒤에는 부처님의 설법을 찬탄하는 게송이 이어진다. 7언절구七言絶句의 게송은 2구절을 배치하여 총 14자를 쓴다. 전통 사경에서 장행의 글자는 17자인데 비해 14자인 게송은 상하 가장자리에 맞추고 중앙 3칸 비우는 경우와 상·중·하에 한 칸씩 비우기도 한다. "사경장 김경호"는 상·중·하에 한 칸씩 비우고 사경을 하였다.

경문은 남은 장행을 쓰고, 경문의 맨 마지막 행의 말미에는 신수봉행信受奉行으로 마무리 짓는다. 그리고 다시 한번 더 경제를 써서 사경을 맺는다. 사경의 말미에는 사경의 조성목적과 조성연대를 파악할 수 있는 사성기寫成記를 적었다. 고려시대에 조성된 사경 대부분은 경문의

---

99 고려시대에 조성된 절첩본 사경의 경문은 절첩 한 면에 6행 17자를 쓴다.

100 저본을 옆에 두고 사경을 하는 것은 오탈자를 최소화 하고자 함이다.

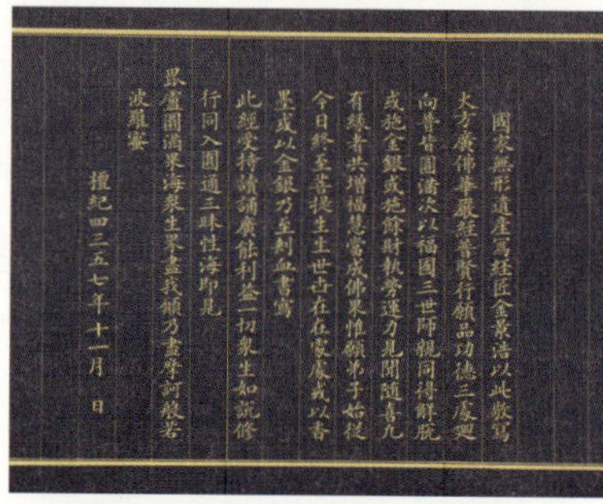

완성된 경문

서체와 발원문의 서체가 다르다. 그것은 경문은 숙련된 전문 사경승이 썼고, 발원문은 시주자가 썼기 때문이다.

4) 변상도 그리기

변상도를 그리기 전에 이미 만들어진 초를 저본과 다시 확인하였다. 저본은 1334년에 조성된 호림박물관 소장『대방광불화엄경입불사의해탈경계보현행원품』과 1350년에 조성된 국립중앙박물관 소장품『대방광불화엄경입불사의해탈경계보현행원품』과 같이 중앙에 보현보살이 결가부좌하고 법문을 청하기 위해 찾아 온 선재동자를 맞이하고, 보현보살 머리 위에 보개寶蓋에는 곽을 만들고 '보현보살'이라고 적었다. 그 좌우에는 대칭으로 대중보살들이 보현보살을 향해 앉아 있다. 또한 보현보살의 광배 뒤로 좌측에 5구, 우측에 5구 등 총 10구의 의인화된 보살과, 향로, 꽃병 등으로 10대원을 표현하였다. 이것은 고려시대 보현행원품의 도상이다. 이 도상을 기본으로 사경변상도의

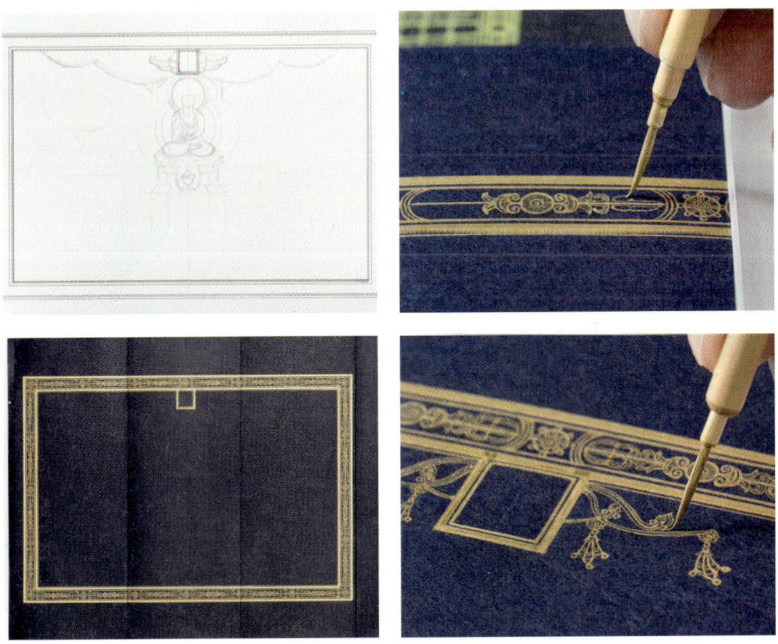

변상도 그리기

초草를 만들었다.

초는 의인화된 10대원을 대신하여 보현보살을 중심으로 좌우측에 7구씩 14구의 대중보살을 배치하여 도상에 변화를 주었다. 완성된 초안을 바탕으로 변상도를 그리기 위한 이중 윤곽선을 먼저 그린다. 그리는 방법은 경문의 윤곽선과 같이 네 변을 두껍게 그린다. 이중 윤곽선 안에는 보현보살의 도량을 외호하는 금강저와 법륜法輪을 그렸다. 두꺼운 윤곽선과 금강저와 법륜의 세밀하고 정치한 필선을 위해 적합한 붓으로 바꿔 가면서 그렸다. 세밀한 필선의 두께는 0.01㎜ 정도로 가늘어 육안으로 구분하기 어렵다. 이렇게 세밀한 선을 그을 때에는 가는 붓을 사용하여야 하는데 금이 잘 묻어 나지 않을 수 있어 2~3번 반복해서 선을 긋는다.

변상도는 천개부터 시작하여 중앙의 보현보살을 중심으로 좌우에 배치된 14구의 대중보살의 윤곽과 세부 표현을 하였다. 또한 광배에서 뻗어 나오는 상서로운 빛, 영역 구분으로 활용되는 상서로운 기운을 가진 구름문과 꽃비, 부처님의 깨달음을 상징하는 보리수 등 다양한 요소들을 유려한 가는 필선으로 그렸다. 광배에는 화염문火焰文 대신 당초문을 크기와 방향을 달리하여 배치함으로써 시선의 변화를 주었다. 특히 손톱만 한 불보살들의 얼굴에는 금니로 육색肉色을 칠하고, 백호와 입술, 가슴의 만자卍字를 주색으로 표현하였다. 또한 보현보살이 머무르고 있는 도량의 난간에도 태극문양을 시문하고 여기에 주색과 청색으로 채색하여 사경의 시대성을 반영하였다.

5) 표지화 그리기

표지는 경전을 오랫동안 보존하고 장엄하는 것이 가장 큰 역할이다. 사경의 표지는 부처님의 말씀을 담고 있는 법보로서 부처님을 상징하는 연꽃 등으로 화려하게 장엄한다. 권자본의 경우 표지의 폭이 넓어 5송이의 연꽃을 조화롭게 배치하고, 보상당초문이 이들을 감싸고 있는 모습으로 장엄한다. 그러나 권자본의 경우 그 폭이 ±11cm 내외가 일반적이다. 따라서 권자본과는 달리 3~4송이의 연꽃을 종으로 배치하고 보상당초문이 이들을 감싸고 있는 모습으로 장엄한다.

표지화 초는 연꽃 4송이를 종으로 배치하고, 그 중앙에 곽을 만들어 경제를 적을 수 있도록 하였다. 금니로 이중 윤곽선을 그리고 방향을 달리한 연화문을 배치하고, 보상당초문이 연꽃을 감쌌다. 연꽃은

華嚴經普賢行願品

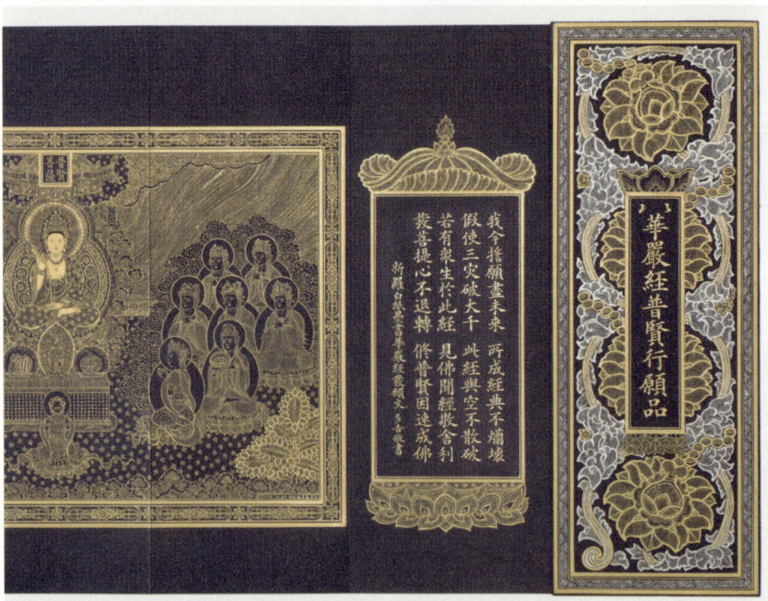
華嚴經普賢行願品
我今捨願盡未來 所成經典不爛壞
假使三災破大千 此經與空不散破
若有衆生於此經 見佛聞經敬舍利
發菩提心不退轉 修普賢因速成佛
新羅白紙墨書華嚴經發願文

표지화 그리기

형태과 방향에 변화를 주었다. 연꽃의 윤곽선은 두꺼운 금니로 그렸고, 연잎은 가는 선으로 방향을 달리하며 빼곡하게 그렸다. 연꽃을 감싸고 있는 보상당초무늬의 줄기는 굵은 금선으로, 보상당초잎의 윤곽선은 굵은 은선으로, 보상당초문의 잎은 가는 은선으로 그렸다.

6) 금·은니의 표면처리

사경이 끝나면 금·은니 표면을 옥으로 문지른다. 마찰에 의해 금·은니가 찬란하고 영롱한 금·은빛이 두드러진다.

금·은니의 표면처리

5. 포갑包匣 만들기

두꺼운 종이심을 포갑 크기에 맞게 마름질해놓는다. 포갑 크기보다 넉넉한 분량의 쪽 염색 명주를 종이에 배접하고 말린다. 마른 명주 위에 마름질해놓은 종이심을 배치하여 풀로 붙인다. 명주를 시접 부분

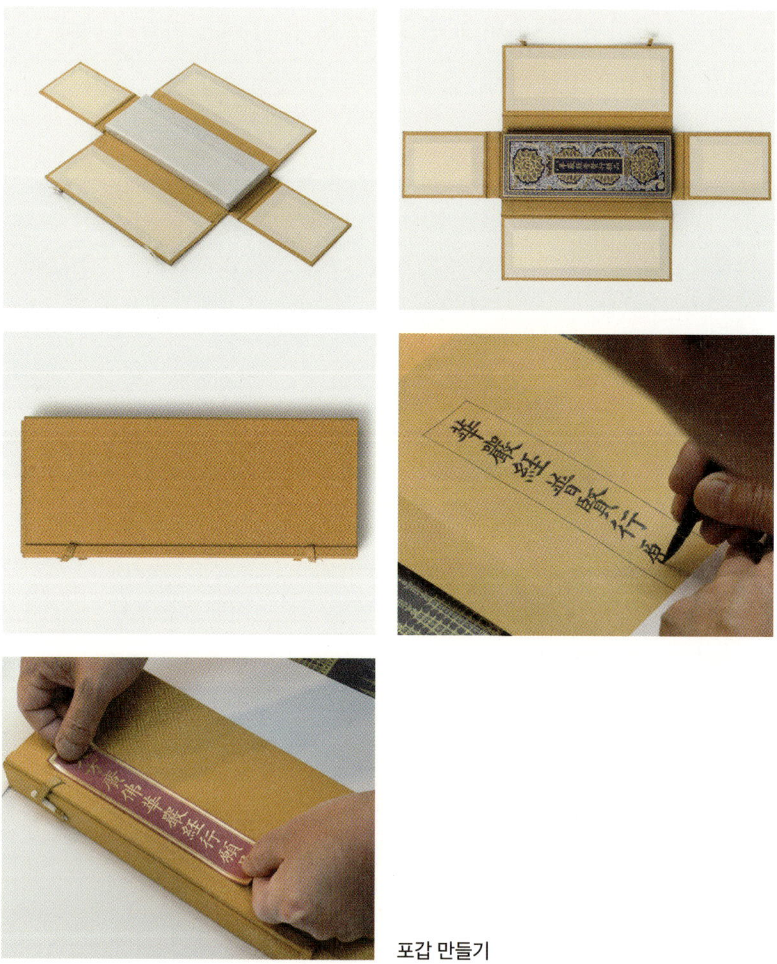

포갑 만들기

까지 포함해서 마름질 한다. 시접 부분을 안으로 접어서 다림질한다. 포갑을 닫아보고 맞물리는 폭이 짧은 면과 포갑 끝의 가장자리 부분을 각각 뚫어서 포갑 끈을 끼워 단다. 포갑 안쪽에서 폭이 짧은 면에 넉넉한 크기의 명주를 마름질하여 붙인다. 접히는 선 부분의 명주 위를 대칼로 눌러주어 포갑이 잘 닫히게 한다. 인시접 끝이 보이지 않게 종이를 마름질하고 붙여서 마무리한다.

포갑이 완성되면 제첨題籤 쓰기를 하는데 제첨은 동장본東裝本 표지의 좌측 상단 또는 중앙에 붙이는 단찰短札 형태의 종이 또는 천으로 경제經題나 책의 순서인 책차冊次 등을 기록한 첨지이다. 절첩본과 선장본의 경우에는 표지의 좌측 상단에 붙였고, 권자본의 경우에는 펼쳤을 때 본문이 시작되는 뒷면, 즉 책을 말았을 때 보이는 겉면의 가장자리에 붙인다.

인쇄술이 발달하면서 사경은 화려하게 장엄한 공덕경功德經으로 통일신라시대부터 고려시대에 이르기까지 크게 유행하였다. 이번 기록화 사업에 참여한 "사경장 김경호"는 고려시대 전통 사경을 재현하기 위해 노력하였다. 사경은 하루에 5시간씩 300자 정도를 온 마음을 담아 써 내려갔으며, 0.1㎜의 예술이라고 하는 변상도와 표지화는 정치하고 정교한 선묘를 위해 물아일체物我一體가 되어 약 9개월의 대장정이 마무리되었다.

無想如是等類
盡衆生界盡衆

IV

전통 사경의 계승과 전승

전통 사경의 계승과 전승

1. 전통 사경 계승의 필요성

우리나라에 사경의 전통은 불교가 전래 된 삼국시대부터 시작되었다.[101] 그러나 현재 삼국시대에 조성된 사경은 한 점도 남아 있지 않아 삼국시대 사경의 경향은 파악하기에 어려움이 있다. 754~755년에 조성된 삼성문화재단 소장『대방광불화엄경』의 발원문에는 사경의 제작 방법, 법식法式, 의식儀式 등이 상세하게 기록되어 당시 사경 제작은 그 자체가 경건한 수행 과정이라는 사실을 알 수 있다. 또한 사경 제작에는 종이를 만드는 사람紙作人, 필사자筆寫者, 경심장經心匠, 화사畵師, 경의 제목만을 쓰는 필사자經題筆寫者가 따로 있어 사경 제작이 철저한 분업分業에 의해 이루어졌음을 확인할 수 있다. 즉, 사경을 하기 위해 각 분야에서 숙련된 장인들이 모였음을 알 수 있다. 이 외에도 사경에 참여한 19명의 출신지出身地, 인명人名, 관등官等을 기록하여 당시 신라 사회의 신분 관계를 알 수 있는 중요한 사료이기도 하다.

---

101 황수영,「高麗寫經의 研究」,『美術史學研究』180(한국미술사학회, 1988), 51쪽.

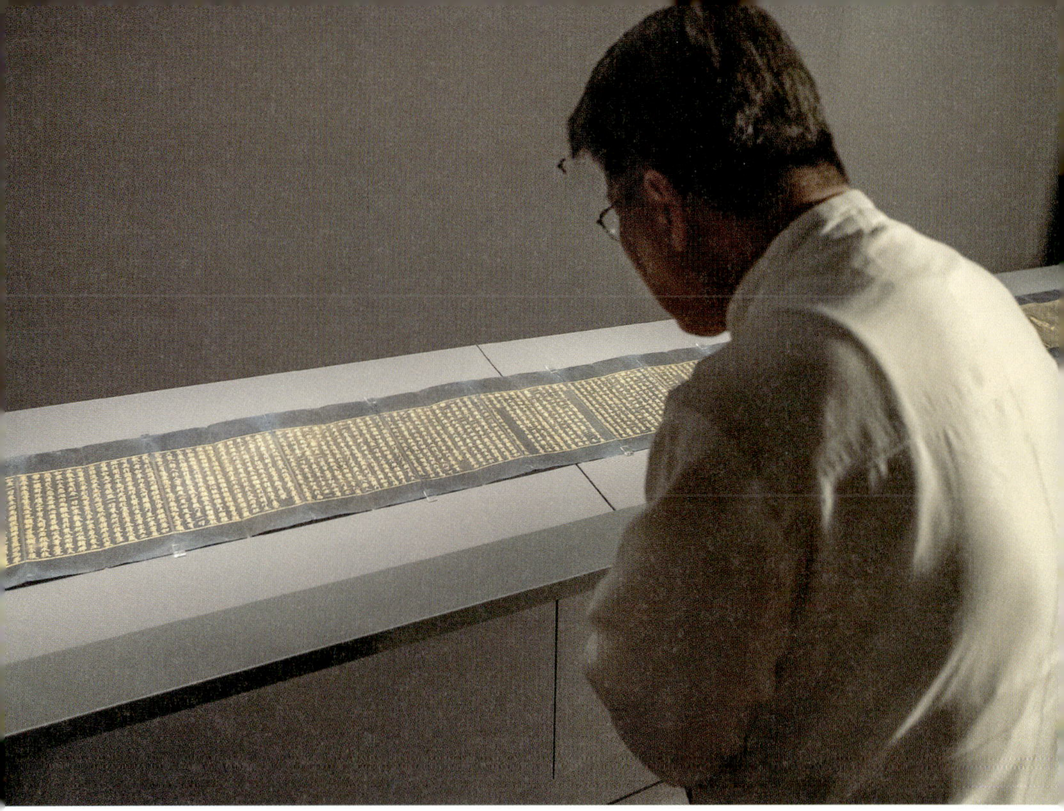

한편, 고려시대에는 지방 호족豪族들과 지식층에 대한 포용정책과 동시에 사회 통합 이념으로 불교를 기반으로 삼았다. 태조가 불교를 숭상하며 수도 개경에 10대 사찰을 건립하고 연등회, 팔관회를 중요시 한 것과 대각국사 의천義天(1055~1101)등 왕실과 귀족 가문 자제들이 출가하여 활동한 것은 고려시대 불교의 높은 위상을 보여준다.

고려시대 불교는 통일신라에서부터 시작된 각 종파가 더욱 다양하게 발전하고 체계를 갖추어 국가 불교로서의 면모를 갖추어 갔으며, 향도香徒 등 각종 불교 결사의 활동으로 다양한 사회 계층 전반에 깊이 뿌리 내리고 있었다. 고려인들은 불교에 기대어 각자의 소망을 발원하였으며 사찰을 세우거나 경전, 불화를 조성하는 일을 매우 중요하게 생각하였다. 이에 더하여 고려시대에 무르익은 귀족문화와 세련된

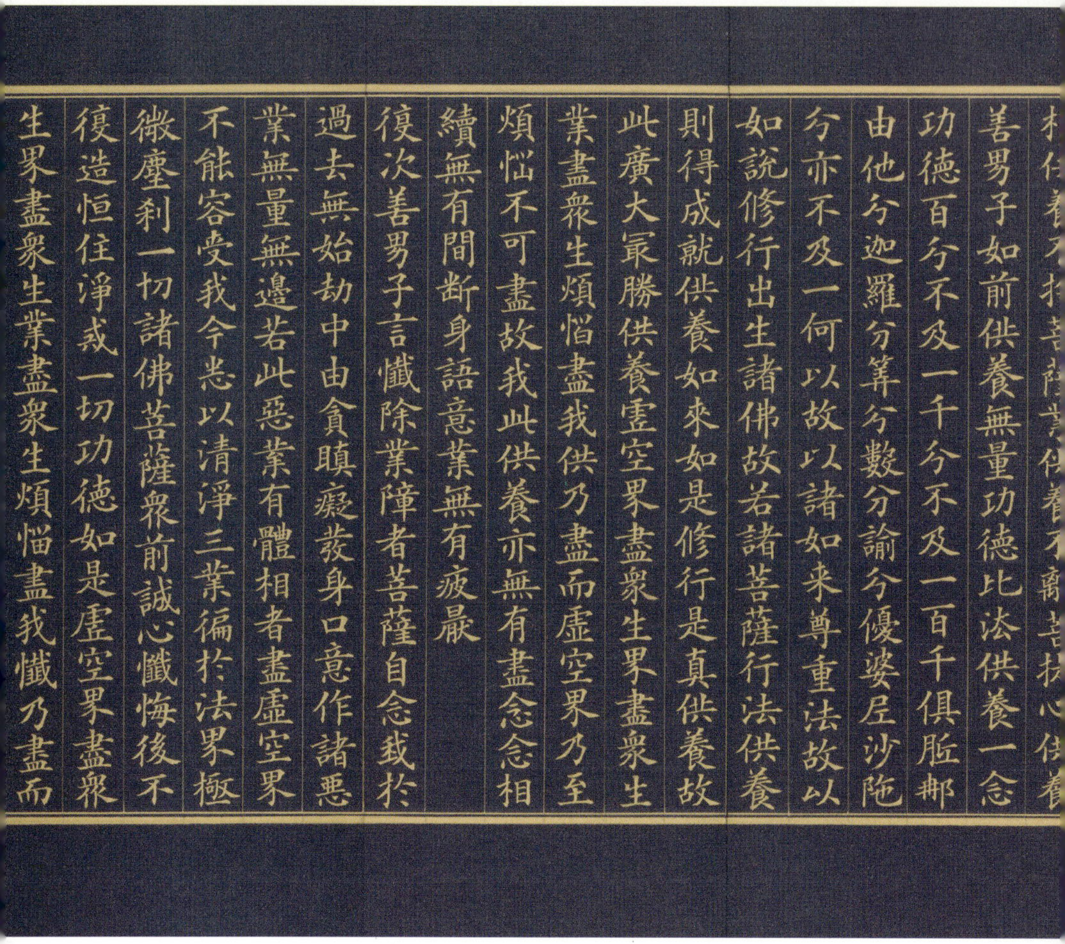
善男子如前供養無量功德比法供養一念
功德百分不及一千分不及一百千俱胝那
由他分迦羅分筭分數分諭分優婆尼沙陁
分亦不及一何以故以諸如来尊重法故以
如說修行出生諸佛故若諸菩薩行法供養
則得成就供養如來如是修行是真供養故
此廣大冣勝供養虛空界盡衆生界盡衆生
業盡衆生煩惱盡我供乃盡而虛空界乃至
煩惱不可盡故我此供養亦無有盡念念相
續無有間斷身語意業無有疲厭
復次善男子言懺除業障者菩薩自念我於
過去無始劫中由貪瞋癡發身口意作諸惡
業無量無邊若此惡業有體相者盡虛空界
不能容受我今悉以清淨三業徧於法界極
微塵刹一切諸佛菩薩衆前誠心懺悔後不
復造恒住淨戒一切功德如是虛空界盡衆
生界盡衆生業盡衆生煩惱盡我懺乃盡而

취향은 고려 사경과 같이 숙련된 기법과 최고급 재료, 오랜 시간의 정성과 노력을 요구하는 수준 높은 사경이 발달하는 배경이 되었다. 특히, 고려시대 사경은 사경원寫經院, 금자원金字院, 은자원銀字院 등 사경을 전문으로 하는 기관을 국가에서 설치하여 운영하였다. 따라서 고려시대에 조성된 사경 대부분 섬세한 필선과 높은 수준의 완성도를 보여준다. 조선시대에는 유교를 통치이념으로 삼았다. 따라서 조선시대에

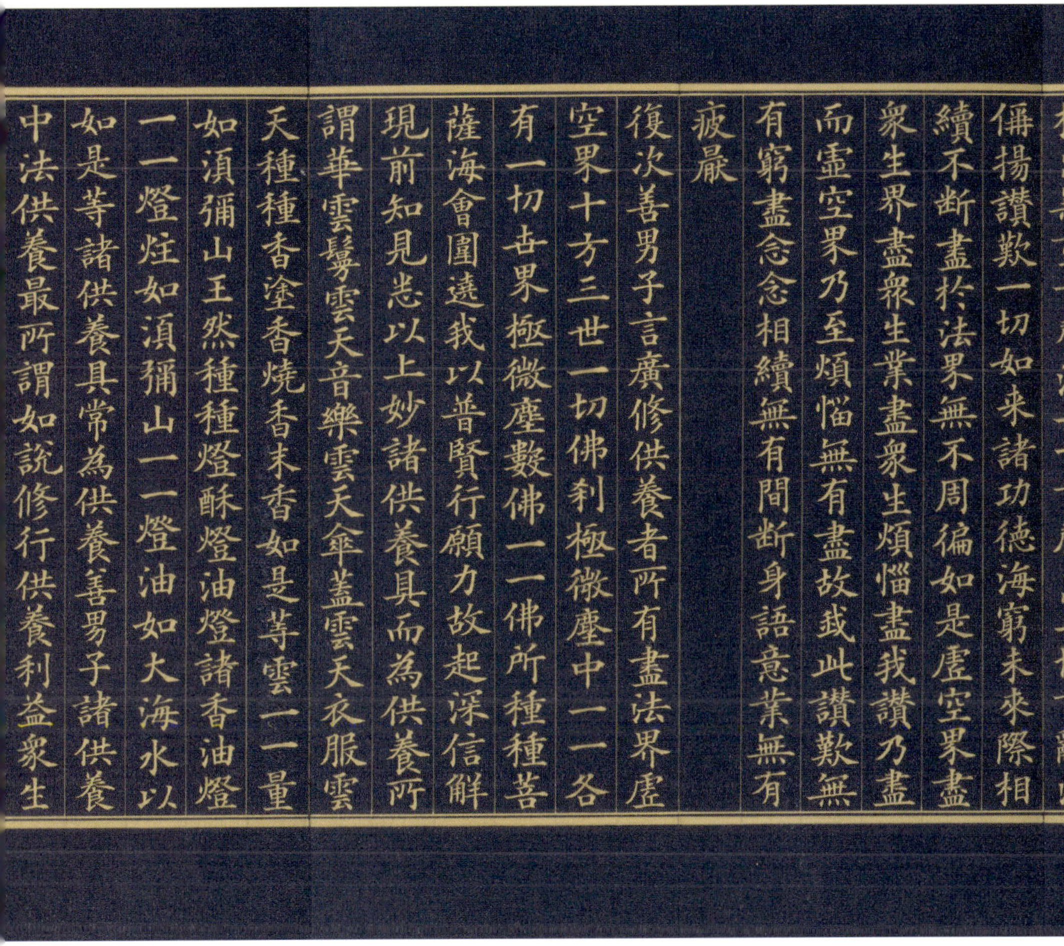
偁揚讚歎一切如来諸功德海窮未來際相
續不斷盡於法界無不周徧如是虛空界盡
衆生界盡衆生業盡衆生煩惱盡我讚乃盡
而虛空界乃至煩惱無有盡故我此讚歎無
有窮盡念念相續無有間斷身語意業無有
疲猒
復次善男子言廣修供養者所有盡法界虛
空界十方三世一切佛刹極微塵中一一各
有一切世界極微塵數佛一一佛所種種菩
薩海會圍遶我以普賢行願力故起深信解
現前知見悉以上妙諸供養具而為供養所
謂華雲鬘雲天音樂雲天傘蓋雲天衣服雲
天種種香塗香燒香末香如是等雲一一量
如須彌山王然種種燈酥燈油燈諸香油燈
一一燈炷如須彌山一一燈油如大海水以
如是等諸供養具常為供養善男子諸供養
中法供養最所謂如說修行供養利益衆生

는 불교의 역할이 현저하게 축소되고, 불교미술 역시 쇠락의 길을 걷게 되고 사경의 전통은 단절되었다.

이렇듯 사경은 이전 시대의 전통을 이어받아 새로움을 창조하는 과정의 연속이었다. 말 그대로 옛것에 토대土臺를 두되 그것을 변화變化시킬 줄 알고 새것을 만들어 가되 근본根本을 잃지 않아야 한다는 법고창신法古創新을 이룬 것이다. 즉 사경 하고자 하는 저본의 장정형식, 서체,

변상도의 문양 및 표현 기법 등을 계승하면서도 시대성時代性을 반영하면서 발전시켜 왔다.

사경은 불교가 전래 된 372년 이래 약 1,100여년 동안 우리의 역사와 함께 했던 역사와 전통을 가지고 있다. 왕실에서는 국난극복과 왕실의 안녕을 기원하고, 개인들은 각자의 간절한 염원을 담은 사경은 당시의 시대상과 역사성을 고스란히 보여준다. 따라서 역사성과 높은 예술성 등을 갖춘 전통사경의 복원은 반드시 필요하다.

이에 국가유산청(당시 문화재청)에서는 2018년에 사경의 역사성과 예술성 등을 고려하여 국가무형유산 신규 종목으로 '사경장'을 지정하였다. 이후 심사를 거쳐 2020년 4월 1일 "국가무형유산 지정" 예고, 2020년 7월 14일 '사경장' 국가무형유산 종목 지정 및 보유자를 인정하였다. 2020년에 드디어 우리나라에 '사경장' 1호가 탄생한 것이다.

2. 전승 현황

1) "사경장 김경호"의 생애와 작품세계

"사경장 김경호"는 불교 집안에서 태어나 불교문화와 친숙하였다. 4살 때 아버지에게 서예를 배웠으며, 중학교 때는 〈전국서예학생대회〉에서 최우수상, 우수상 등을 수상하였다. 고등학교 때부터는 불교에 심취하여 불경을 베껴 쓰기 시작하였다.

전통사경이 단절된 현실에서 "사경장 김경호"의 유일한 스승은 현재까지 남아 있는 유물들이었다. 고려 전통사경 복원을 위해 고려 사경에 대한 조사, 연구에 매진하였으며, 특히 1997년 조계종 총무원과 동방연서회가 공동 주최한 '제1회 불교 사경대회'에서 대상을 수상하

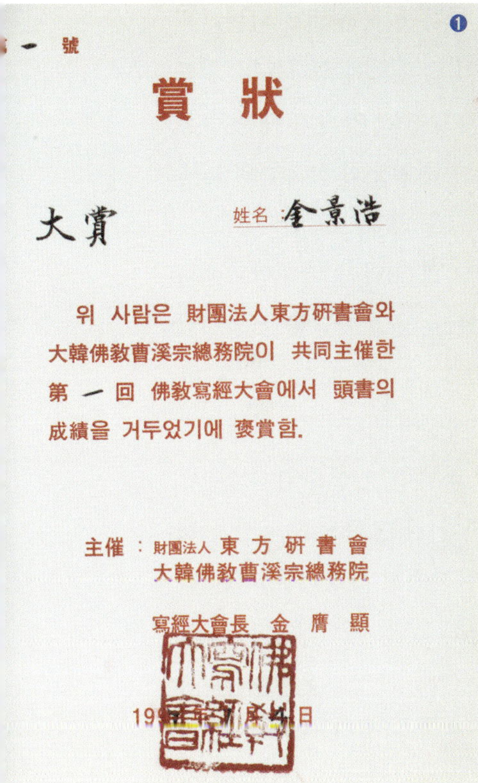

一 號

賞 狀

大賞 姓名 金景浩

위 사람은 財團法人東方硏書會와 大韓佛教曹溪宗總務院이 共同主催한 第一回 佛教寫經大會에서 頭書의 成績을 거두었기에 褒賞함.

主催 : 財團法人 東方硏書會
大韓佛教曹溪宗總務院

寫經大會長 金膺顯

1 제1회 불교 사경대회 대상

2 수상 장면 | 3 수상 기념 촬영

였다. 사경대회에서 대상을 수상한 책임감은 사경에 전념할 수 있는 계기를 만들어 주었다. 세밀한 표현을 위해 정진을 거듭했으며, 실기와 자료조사만으로는 채울 수 없는 이론적인 부분을 공부하기 위해 박상국 한국문화유산연구원 원장과 고 장충식 전 동국대학교 고고미술사학과 교수와 협업을 하기도 하였다. 특히, 2004년에는 동국대학교 대학원에서 「新羅 白紙墨書『大方廣佛華嚴經』의 硏究 - 書體를 中心으로」로 석사 학위를 받았다.

이렇듯 어느 분야든 잊혀지거나 사라진 전통을 복원하고 되살리는 일은 지극히 어려울 수밖에 없다. 모든 것이 단절되어 하나부터 열까지 누군가가 스스로 직접 연구하고 실험하지 않으면 안되기 때문이다. 사경의 분야에서는 "사경장 김경호"와 한국사경연구회 작가들의 노력을 통해 전통 사경의 복원과 새로운 발전의 길을 열어가고 있다.[102]

"사경장 김경호"의 작품세계를 살펴보면 2000년 동국대학교에서 개최된 첫 번째 사경 개인전에서 높은 완성도의 사경 작품들을 공개했다. 금·은니의 화려함과 세밀한 묘사로 새로운 경지를 보여주었다. 특히 1337년에 조성된 삼성문화재단 소장『대방광불화엄경』권제31과 1341~1367년 경에 조성된 삼성문화재단 소장『대방광불화엄경보현행원품』을 저본으로 사경한 변상도는 0.1㎜보다 가는 선으로 화면을 채워 완성도를 높였다. 이 외에도 다수의 개인전에서 전통에 근거한 21세기 "사경장 김경호"의 작품세계를 구축하고 있다. 또한 우리나라 사경의 세계화를 위해 〈한국사경연구회〉 회원들과 함께 국외 전시도 왕성하게 추진하고 있으며, 불경의 사경뿐만 아니라 성경, 사서삼경, 도덕경의 사경까지 사경의 경계를 허물었다는 점에서 주목할 만 하다. 이렇듯 현대의 사경은 과거의 작품을 단순하게 답습하는 것에 그치지 않고 현대적으로 해석하고 새로운 표현기법을 적용하여 자신들만의 정체성을 만들고 있다.

이뿐만 아니라 서울 견지동 아라아크센터 초대전(2016년), 동국대학교 개교 111주년을 기념하여 동국대박물관 특별전시실(2017년) 초대전(2017년), 전주 한국전통문화전당 기획전시실 초대전(2022. 6. 14~6. 22), 화엄사성보박물관 초대전(2023. 10. 6~29) 등 최근까지도 왕성하게 활동하고 있다. 태극 문양을 비롯한 다양한 문양을 활용하여 시대성을 반영하고 있다.

---

102 안휘준, 앞의 글(한국사경연구회, 2010), 6~7쪽.

이렇듯 왕성한 활동으로 예총회장상, 국방부장관상, 교육부장관상 등을 수상했으며, 2010년에는 대한민국 고용노동부 지정 전통사경기능전승자로 선정되었다. 또한 사경 연구, 집필 활동도 계속하여『한국의 사경』등 다수의 저서와『수행법 연구』등 3권의 공저를 집필하기도 했다.

2) 전승현황

"사경장 김경호"는 2002년 두 차례 개최한 〈전통사경전〉을 계기로 당시 조계종 포교원장 도영스님, 동국대 역경원장 월운스님, 동국대박물관장 고 장충식 교수 등이 참여한 〈한국사경연구회〉를 창립하고 초대 회장으로 활약했다. 사경 창작, 조사, 연구, 전시, 홍보, 강의, 출판 등을 위해 출범한 한국사경연구회는 2025년 현재까지 제 20회 〈사경연구회회원전〉을 개최하였다. 제 1회 〈사경연구회전〉에 참여한 회원이 16명에서 2025년 제 20회에는 79명으로 크게 증가하여 사경의 질적 향상과 더불어 저변확대가 되어 매우 고무적이다. 이 가운데 제 3회 중국 산동성 지난시에서 초대한 〈회원전〉과 제 7회 뉴욕 플러싱 타운홀에서 초대한 〈회원전〉, 제 9회 LA 한국문화원 초대 〈회원전〉은 한국사경을 국외에 알린 최초의 전시로 의미가 컸다. 특히 제 7회 회원전에는 플러싱 타운홀 대표의 전시 의의 발표, 마이클 M, 블룸버그 뉴욕시장의 축사 낭독, 헬렌 M, 마샬 퀸즈 자치구 의장의 '외길 김경호의 날' 선포 등이 이어져 현지 언론의 집중 조명을 받기도 하였다.

이 외에도 "사경장 김경호"는 사경 문화 확산을 위해 1999년 연세대학교 사회교육원의 서예 강의를 비롯해 2000년에는 동아문화센터에서 최초의 사경 수업이 개설되어 사경의 대중화에 노력하였다. 특히, 사경문화의 확산을 위해 지도자 양성 교육을 시작하여 각 사찰이나 개인이 개별적으로 진행하던 사경을 전문성 있게 바꾸고자 하였다. 그

1 뉴욕플러싱타운홀 특강(2012년)
2 LA한국문화원 시연회(2014년)
3 한국사경연구회회원전(2013년, 대구)
4 제20회 한국사경연구회회원전(2025년)

결과 매헌 박경빈 등의 제자가 전문강의를 시작하는 등 성과를 이루기도 하였다.

현재 "사경장 김경호"는 전주의 작업실과 구례 화엄사 전통사경원 등에서 수많은 후학 양성에 매진하고 있다. 그 결과 2024년에는 행오스님, 박경빈, 허유지 등 3명의 '사경장 이수자'를 배출하여 사경의 질적 양적 향상을 이루었다.

普賢十

참고문헌

사료

『三國史記』

『高麗史』

『朝鮮王朝實錄』

『新增東國輿地勝覽』

사전

불교사전편찬위원회, 『불교사전』, 동국역경원, 2025.

『한국민족문화대백과사전』, 한국정신문화연구원, 1991.

단행본

국립중앙박물관, 『사경변상도의 세계: 부처 그리고 마음』, 지앤에이커뮤니케이션, 2007.

권희경, 『고려의 사경』, 글고운, 2006.

김경호, 『韓國의 寫經』, 도서출판 고륜, 2006.

金芿石, 『華嚴學槪論』, 東國大出版部, 1960,

김정희, 『불화 찬란한 불교 미술의 세계』, 돌베개, 2009.

______, 『국가무형문화재 불화장보유자 임석환』, 국립무형유산원, 2023.

문명대, 『고려불화』, 열화당, 1991.

______, 『한국불교미술의 형식』, 한언, 2009.

______, 『한국 불교미술개론』, 도서출판 덕주, 2024.

박아림 외, 『연구의 현황과 콘텐즈 개발』, 동북아역사재단, 2009.

박상국, 『사경』, 대원사, 1990.

동국대학교 교양교재편찬위원회, 『佛教文化史』,東國大出版部, 1988.

장충식, 『한국사경연구』, 동국대학교, 2007.

정병삼, 『한국불교사』, 푸른역사, 2020.

정종미, 『한국화의 재료와 기법』, 미진사, 2023.

한국사특강편찬위원회, 서울대학교출판부, 2006.

平川彰 著, 이호근 譯, 『인도불교의 역사』, 민족사, 1989.

佐佐木教悟, 권오민 역, 『印度佛教史』, 경서원, 1992.

藤堂恭俊 著, 차차석 역, 『중국불교사-한민족의 불교』, 대원정사, 1992.

望月信享 著 金鎭烈 譯, 『佛教經典 成立의 硏究』, 불교시대사, 1995.

中之島香雪美術館, 『法華經繪卷と千年の祈り』, 株式會社 ライブアートブックス, 2024.

Bruno Blasselle, 권명희 譯, 『책의 역사-문자에서 텍스트로』, 시공사, 2005.

Salomon, Richard, *The Buddhist Literature of Ancient gandhāra*, Wisdom Publications, 2018.

논문

權仁澣,「목간을 통해서 본 신라 사경소의 풍경」,『震檀學報』vol.-No.119, 진단학회, 2013.

권희경,「사경원과 염승익 발원의 사경 [묘법연화경] 7권본 1부」,『한국기록관리학회지』3, 한국기록관리학회, 2003.

權熹耕,「至元六年銘 紺紙金字法華 について」,『佛敎藝術』, vol.113, 每日新聞社, 1976.

김복순,「화엄사 화엄석경의 조성 배경과 사적 의의」,『화엄사·화엄석경』, 화엄사, 2002.

김애순,「한지의 염색성 1(염색한지의 역사적 고찰)」,『論文集』vol 25, 군산대학교, 1977.

김종민,「조선시대 사경연구」, 대구카톨릭대학교 박사과정학위논문, 2007.

김희정,「근·현대기 교과서류 출판물의 장정(裝訂)연구」, 한국전통문화대학교 문화유산전문대학원 석사학위논문, 2022.

문선희,「고려시대 묘법연화경 寫經變相圖硏究」, 홍익대학교 대학원 석사학위논문, 2005.

문명대,「新羅華嚴經과 그 變相圖의 硏究」, -寫經變相圖의 硏究(1)-,『韓國學報』14輯, 一志社, 1979.

文明大·朴桃花,「廣德寺 妙法蓮華經 寫經變相圖의 硏究」,『佛敎美術硏究』제1집, 東國大學校 佛敎美術文化財硏究所, 1994.

박광헌,「寫經名稱의 用語 문제」,『文物硏究』vol.-no.35, 동아문화재단, 2019.

박도화,「高麗金銀泥寫經畵(變相圖)의 樣式考察」,『미술사학연구』제18호, 한국미술사학회, 1989.

______,「상지금니대방광원각수다라요의경 변상도」,『사경변상도의 세계-부처그리고 마음』, 국립중앙박물관, 2007.

박지선,「고대 사경지 제작에 관한 연구」,『書誌學硏究』제56輯, 서지학회, 2013.

裵泳一,「高麗時代 華嚴經 寫經 變相圖 硏究」, 동국대학교대학원석사학위논문, 1994.

______,「고려시대 사경변상도의 양식적 흐름과 특징」,『사경변상도의 세계-부처 그리고 마음』, 국립중앙박물관, 2007.

신회정,「東大寺·正倉院 소장의 節略本 新羅華嚴經 硏究」, 동국대학교 대학원 박사학위논문, 2016.

하광순,「오대·북송대 묘법연화경 사경변상도 연구」, 고려대학교 대학원 석사학위논문, 2014.

안휘준,「제5회 한국사경연구회 회원전에 부쳐」,『초조대장경 사성 1000년 부처님오신날 기념 제5회 한국사경연구회원전』, 한국사경연구회, 2010.

야마우치 아키라,「아교에 관한 고찰-문화재 보존수복으로부터의 접근」,『불교미술사학』제5집, 불교미술사학회, 2007.

양삼분,「묘법연화경 사경변상도에 관한 연구」, 중앙승가대학교 대학원 석사학위논문, 2015.

엄태진·김강제·조정해,「전통기록재료, 먹(ink stick)의 이해」,『한국펄프·종이학회』, 2009 추계학술발표논문집, 2009.

유혜선,「비파괴 성분 분석을 통한 은제 금도금 유물연구-익산 왕궁리 오층석탑 발견〈금강경판(金剛經板)〉을 중심으로」,『동원학술논문집』11, 국립중앙박물관, 2010.

윤무정,「염색의 발달과 역사」,『家政學硏究』vol 16, 관동대학교, 1988.

이건무,「다호리유적 붓(筆)에 대하여」,『고고학지』4, 한국고고미술연구소, 1992.

이기백, 「新羅 景德王代 華嚴經 寫經 關與者에 대한 考察」, 『역사학보』83, 1979.
이승희, 「중국 송대의 위태천 신앙과 도상고찰」, 『미술사연구』19, 미술사연구회, 2005.
이완우, 「우리나라의 사경 서풍」, 『사경변상도의 세계-부처 그리고 마음』, 국립중앙박물관, 2007.
______, 「조선시대 松雪體의 토착화」, 『書藝學』제2집, 韓國書藝學會, 2001.
______, 「安平大君 李瑢의 文藝活動과 書藝」, 『美術史學研究』246·247, 韓國美術史學會, 2005.
이유라, 「익산 왕궁리 오층석탑 사리장엄구의 종합적 고찰」, 원광대학교 대학원석 사학위논문, 2022.
이필원, 「최초 경전의 성립과 기록」, 『불교경전은 어떻게 전해졌을까』, 불광출판사, 2010.
전상운, 「고대 과학기술의 발달」, 『한국사』3, 국사편찬위원회, 1978.
정재영, 「新羅 寫經에 대한 硏究」, 『口訣硏究』33輯, 2014.
정선영, 「닭의장풀 염색 감지의 특성」, 『서지학연구』 vol. no. 47, 한국서지학회, 2010.
장충식, 「한국불교판화의 연구(1)」, 『불교학보』19, 동국대학교 불교문화연구원, 2007.
______, 「朝鮮時代 寫經考」, 『미술사학연구』20, 1994.
조수진, 「국립고궁박물원 소장 청대 묘법연화경 사경변상화 연구」, 『서지학보』36, 2010.
趙美英, 「新羅 〈華嚴石經〉硏究」 圓光大學校 大學院 博士學位論文, 2013.
황수영, 「高麗寫經의 硏究」, 『美術史學研究』180, 한국미술사학회, 1988.
禿氏祐祥, 「高麗時代の解に就いて」, 『寶雲』125, 佛教美術, 1925.
須藤弘敏, 「동아시아의 사경」, 『佛教美術史學』제5집, 불교미술사학회, 2007.
赤尾榮慶, 「太康七年 紺紙銀字法華經八卷(金剛峰寺藏) 소개」, 『漢文讀法과 東아시아의 문자』, 구결학회, 2006.

大方廣佛華嚴經卷第四十

罽賓國三藏般若奉　詔譯

入不思議解脫境界普賢行願品

爾時普賢菩薩摩訶薩偁歎如來勝功德

告諸菩薩及善財言善男子如來功德假

華嚴經普賢行願品

我今誓願盡未来 所成經典不爛壞
假使三灾破大千 此經與空不散破
若有衆生於此經 見佛聞經敬舍利
發菩提心不退轉 修普賢因速成佛

新羅白紙墨書華嚴經發願文 多古敬書

글　배영일(마곡사 성보박물관장)
사진　서헌강(서헌강스튜디오)

총괄　임승범
기획 · 진행　김계수, 임태영
교정　이화영, 안경희(이상 국가유산청)

국가무형유산

사경장

초판 1쇄　2025년 12월 10일

기획　국가유산청
무형유산국 조사연구기록과
주소　전라북도 전주시 완산구 서학로 95
전화　063-280-1686
홈페이지　www.khs.go.kr

출판　문예원
주소　서울시 마포구 토정로 25길 41(대흥동 337-25)
전화　02) 804-3320, 805-3320, 806-3320(代)
팩스　02-802-3346

발간등록번호　11-1833100-100115-01
ISBN　979-11-90587-73-0　93380